# 中国竞技体育无形资产发展战略研究

刘夫力　著

北京体育大学出版社

**策划编辑：** 赵海宁
**责任编辑：** 赵海宁
**责任校对：** 李志诚
**版式设计：** 杨　俊

**图书在版编目（CIP）数据**

中国竞技体育无形资产发展战略研究 / 刘夫力著
.-- 北京 : 北京体育大学出版社, 2019.4
ISBN 978-7-5644-3168-6

Ⅰ. ①中… Ⅱ. ①刘… Ⅲ. ①竞技体育—发展战略—研究—中国 Ⅳ. ①G812

中国版本图书馆CIP数据核字(2019)第070201号

**中国竞技体育无形资产发展战略研究**
ZHONGGUO JINGJI TIYU WUXING ZICHAN FAZHAN ZHANLUE YANJIU
**刘夫力 著**

出版发行：北京体育大学出版社
地　　址：北京市海淀区农大南路1号院2号楼4层办公B-421
邮　　编：100084
网　　址：http：//cbs.bsu.edu.cn
发 行 部：010-62989320
邮 购 部：北京体育大学出版社读者服务部 010-62989432
印　　刷：北京建宏印刷有限公司
开　　本：710 mm × 1000 mm　　1/16
成品尺寸：170 mm × 228 mm
印　　张：10
字　　数：165千字
版　　次：2019年4月第1版
印　　次：2019年4月第1次印刷
定　　价：55.00元

# 序

我国体育战线在20世纪90年代出现制定战略规划的热潮，但很快出现大量战略规划空置而无法与实践对接，即出现了战略规划与实际工作脱节的现象。用发展战略理论指导战略规划的制定，在理论架构上是非常清晰的，很容易让人形成整体的规划构思。但战略研究既要有宏观认知的视野，还要把宏观设计与具体工作和实施细节统一起来，战略目标的实现更重要的是工作的推进和无数细节的把控。很多实例证明，对发展战略理论缺乏系统研究，容易陷入发展战略理论指导实践的困惑。发展战略理论作为科学的理论思维方法，对我国体育实践的指导意义是毋庸置疑的，但需要更扎实的理论研究及其与实践的密切结合。这部专著应当是理论与实践结合较好的发展战略研究范例。

专著的初稿完成于2001年，是以为国家决策机构提供技术论证报告的形式。作者刘夫力教授参与了当时我国体育无形资产的战略研究，并重点研究竞技体育无形资产的战略设计方面。刘夫力教授曾经与国家体育总局政策法规司和竞技体育司有过长期的深度合作，很多数据和资料是多方在合作期间共同收集，应用于研究的；课题调研曾经深入北京、上海和广州的数十家体育俱乐部、企业和中介公司；文稿撰写处于我国竞技体育无形资产开发的全面启动之初，所以研究成果为当时国家制定体育无形资产战略提供了重要的支持。研究的成稿及作为研究报告提交已经过去多年，此间作者从中选取素材发表学术论文多篇。作为一部完整的体育社会学研究专著，课题在研究思路和研究方法方面都有独到和可取之处，一方面对广大攻读学位的体育专业研究生和科研人员有指导意义；另一方面研究所设定的战略目标大多得到了应验，可为各类体育企事业单位制定战略规划提供借鉴。

课题研究的成果和技术报告都得到了专家们的高度认可，很多观点和战略对策得到国家决策机构的肯定和采纳，成果早有资格以专著形式出版。难能可贵的是，刘夫力教授一直在跟踪和对照我国体育无形资产发展的业绩，推迟出版也是因为他希望论著更加完善，并且能得到学者们更充分的认可。决定以专著形式出版之后，刘夫力教授对原稿做了很多修订并补充了后续研究成果。希望这部学术专著的研究方法及其发展战略的设计构思，能够对大家从事体育科研有一定的借鉴价值。本人以上所述只是个人观点，是向有兴趣阅读的你们介绍这部专著研究过程的来龙去脉，也借此向对体育科研感兴趣的读者做推荐。

麻雪田

2019年2月28日

# 前　言

竞技体育无形资产与现今的经济社会生活有着密切的关联，由于它巨大的商业效用和经济价值，使其成为各国体育产业发展的重要支柱。我国的竞技体育无形资产发展虽处于落后和起步阶段，但其中蕴藏着巨大的潜力和发展可能。改革开放之后，我国经济在高速和稳定地增长，并已经形成迈向经济强国的必然趋势，我国的国民收入水平未来必然会大幅度地提高，人们对生活品质的要求及实际的生活质量都会大大提升。而且我国的竞技体育事业是领先发展的，并且一直保持着良性的发展势头，竞技体育无形资产的资源不仅丰富而且储量巨大。这种蕴藏在竞技体育中的无形资产拥有巨大的经济效用和市场价值，但竞技体育无形资产的时效性决定了必须把握开发时机，否则就是对国家资源的巨大浪费。根据我国竞技体育无形资产发展的需要，我们要研究其相关的历史演进及其一系列基本理论问题，更要把发展战略理论与竞技体育无形资产发展相统一，从战略高度及不同视角探讨竞技体育无形资产的发展问题。只有做好竞技体育无形资产的理论研究和系统规划，充分论证竞技体育无形资产发展的必要性和可能性，并扎扎实实地做好与竞技体育无形资产开发实践的连接，我国的竞技体育无形资产发展才能够得到改观和取得突破。

本研究成果是一部体育社会学的学术论著，研究的起点正值我国全面开发体育无形资产的初期，研究的选题与推进得到国家体育总局政策法规司和竞技体育司的肯定与支持，这对课题研究的进展有重要的助力作用。课题研究经过了长时间的调查和理论准备过程，进而完成了研究的素材积累、架构设计和写作构思，调查阶段进行了大量相关的宏观与微观问题的论证。研究是以唯物辩证法和系统方法为基本的方法论指导，综合采用文献资料法、社会调查法、专家调查法和观察法获取研究资料，采用逻辑方法对数据和资料进行分析与处理。整体上以竞技体育无形资产和发展战略的理论研究为基础，通过相关基本概念和理论的系统阐述，明确竞技体育无形资产的性质、内涵、内容、特点和分类方法等；通过对发展战略理论的阐述，理解发展战略理论的基本思想和一般内涵，建立竞技体育无形资产发展战略研究的理论平台。发展战略制定以竞技体育无形资产发展利弊因素的分析为前提，利弊因素包括国际和国内政治经济环境条件、我国体育产业发展和体育市场运作状况、我国体育管理体制改革状况及竞技体育无形资产政策与法治环境四个方面。

发展战略制定是研究的核心和主要内容，研究围绕发展战略的五个要素展开。发展战略指导思想的确定，是以竞技体育无形资产发展的现实条件为基础，充分利用我国优良的政治经济环境及经济高速和稳定发展的机遇，以积极和稳妥为基本原则；战略目标的确定，是根据现实的可能，从管理体制、政策法规建设、参与竞争实力和产值份额等多方面来确定20年战略周期的发展目标，并从多角度、多层面分析实现目标的可能性；战略重点的确定，是根据各项竞技体育无形资产内容与影响因素对实现战略目标的贡献大小和重要程度，把相关的政策研究和法治建设、竞技体育组织和竞赛活动无形资产开发及中西部地区竞技体育无形资产开发列为战略重点；战略阶段的划分，是根据实现整体战略目标的需要和人为的可控范围，把20年过程分为打基础和做准备阶段、全面和快速发展阶段及保持全面快速发展阶段；战略对策的确定，是根据未来竞技体育无形资产发展的需要，选择对实现战略目标具有重要意义的措施和手段，并需要具有现实的可行性和可操作性。竞技体育无形资产发展战略的分类是发展战略内容的重要补充，是理论细分及我国不同类型主体制定战略的现实需要，大体按照逻辑学分类原则分为三个体系：根据不同经济发展水平及地域和行政区划分的分类体系；根据开发主体的性质和特点划分的分类体系；根据不同市场需求及相应竞技体育项群和项目划分的分类体系，分类明确了竞技体育无形资产发展战略概念的外延。

本研究成果希望给相关职能机构和体育企业以下启示：竞技体育无形资产受经济社会发展水平的影响，同时与经济社会发展有着良性的互动关系，运用发展战略理论研究竞技体育无形资产的发展意义重大；竞技体育无形资产的概念具有独特的内涵和丰富的内容，在性质上它是劳动者创造的劳动成果并具有商品属性，有其自身的特点和分类方法，竞技体育无形资产发展战略概念的内涵独特、外延广阔；我国竞技体育无形资产发展主要受四个方面因素的影响，即国际国内政治经济环境条件、我国体育产业发展和体育市场运作状况、我国体育管理体制改革状况、竞技体育无形资产相关政策与法治状况，我国竞技体育无形资产具有发展优势和各种有利条件，但也随时面临各种困难和挑战。通过从不同角度和层面的分析证明：本研究所确定的竞技体育无形资产发展的战略指导思想、战略目标和战略重点，以及战略周期的阶段划分和战略对策是科学和合理的，整体战略目标的实现是现实和可能的。

刘夫力

2019年3月10日

# 目录 Contents

# 第一章 导论

竞技体育无形资产是蕴藏在体育过程中的一种巨大的资源和财富。从20世纪70年代末以来国际体育产业发展经验看，竞技体育无形资产的有效开发和利用，在整个体育产业的生存和发展过程中有着举足轻重的作用。在市场经济发达的国家，竞技体育无形资产的开发利用对体育事业的发展，乃至对整个国民经济的运行都有着重要影响。发展战略学是近年在我国建立的新的学科体系，被广泛运用到各个领域的理论和应用研究，小到对一项事业或一个企业，大到对整个社会的发展谋划都有着指导意义。改革开放以来的经济发展和竞技体育取得的辉煌成就，使得我国拥有了大量的竞技体育无形资产的资源储备。市场经济体制的建立和体育向产业化发展的深化改革，为竞技体育无形资产的开发利用创造了条件。但是，我国的竞技体育无形资产开发还处于起步和低水平的发展阶段，相应的理论研究和宏观策划也比较滞后。要使竞技体育无形资产的开发利用达到与整体经济发展协调一致，使我国的竞技体育无形资产资源国际化，以致在整个国际体育产业发展和无形资产开发利用上处于竞争的有利位置，就需要有一个长远、宏观和系统的发展战略设想。从我国体育事业的长远发展着想，把竞技体育无形资产的理论研究和发展战略思想统一起来，建立一个新的发展战略体系，是体育科学研究指导体育实践与发展的全新内容，对我国竞技体育无形资产的有效开发利用和体育事业的蓬勃发展具有重要的意义。

# 第一节　竞技体育无形资产的产生与发展

以竞技体育为代表的体育产业的出现已有一百多年的历史了，但是竞技体育无形资产广泛地被社会认识和利用，并成为体育产业开发的重要内容，仅仅是从20世纪70年代末开始的。应当讲，竞技体育无形资产是伴随竞技体育产业的出现而产生的，但是在体育产业出现及其长期发展的过程中，由于人们思想观念落后、生产方式落后、通信传播方式落后等原因，竞技体育无形资产并没有得到真正的开发和利用。

## 一、国际竞技体育无形资产的发展与研究状况

在国际上，19世纪中后期就已经出现了企业和商人赞助竞技体育赛事和运动队的先例，开始阶段主要是由喜爱体育运动的老板自愿出钱。由于赞助活动很快使企业声誉和知名度提高，收到了很好的广告效应，于是赞助竞技体育赛事和运动队的企业逐渐地多了起来。20世纪80年代以前，欧美国家虽然多有利用竞技运动队声誉和体育赛事拉赞助、做广告，以及开发利用体育赛事电视转播权等无形资产，但开发的规模和产生的经济效益都远未达到物尽其用。

进入20世纪80年代，随着现代化进程的加快，很多国家市场经济高度发达，个体消费能力显著提高，闲暇时间大大增加，参加体育活动和观看体育比赛成为大众生活的重要组成部分和一种社会时尚。随之竞技体育成为一种大众传播媒介和重要的信息载体，各种媒体竞相报道体育赛事，由此竞技体育更具有了社会影响大和涉及面广的特点。特别是通信传媒事业的飞速发展和各种传媒产品的普及，使竞技体育的社会影响日趋增大，蕴藏在竞技体育过程中的无形资产的商业价值也越来越大，大力开发竞技体育无形资产的条件已经成熟。

系统和大规模地开发竞技体育无形资产是从20世纪80年代开始的，具有代表性的是1982年西班牙足球世界杯赛事，组委会利用电视转播权和各种广告冠名等无形资产，获得可口可乐和柯达等跨国公司的赞助，使国际足联在这次

大赛中取得了丰厚的经济收益。此后的各级各类足球赛事都纷纷效仿，世界各地的足球赛事成为商业交易的代名词。随之1984年在美国举办的洛杉矶奥运会上，电视转播权、奥运会标志产品生产许可、奥运会纪念币章等无形资产得到更系统和充分的开发利用，不仅改变了历届奥运会举办国不堪重负、惨淡经营的历史，而且奥运会组委会还获得数亿美元的盈利。赛事的赞助公司和企业也都因此获得巨大的经济回报，例如，日本富士胶片公司就是由赞助洛杉矶奥运会而使富士胶卷在美国的销售量增加近一倍。从此之后，连续几届奥运会都进一步系统地开发了无形资产。表1-1反映的是近几届奥运会产业开发的部分经济收支情况；表1-2说明奥运会对现实社会和人民生活的影响在不断增大；表1-3说明奥运会无形资产的销售收入在逐年递增；表1-4基本反映了1992年奥运会无形资产的收入占奥运会体育产业开发收入的比重情况。从历届奥运会无形资产的开发情况看，整体的竞技体育无形资产开发项目在逐渐增多，开发潜力越来越大，各项无形资产的价格都呈上涨的趋势。这也从侧面反映出竞技体育无形资产的社会意义和产生的经济效益都在随着社会的发展而不断增加，也预示着竞技体育无形资产广阔的发展前景。

**表1-1　1984—2000年历届奥运会组委会产业开发的部分经济收支情况**

| 时间（年） | 届次 | 地点 | 资金投入 | 总收入 | 电视转播权 | 广告冠名 | 标志许可 | 纪念币章 | 纯利 |
|---|---|---|---|---|---|---|---|---|---|
| 1984 | 23 | 洛杉矶 | 4.69 | 6.19 | 3.60 | — | 1.34 | 0.80 | 2.25 |
| 1988 | 24 | 汉城（现首尔） | 8.48 | 15.00 | 4.01 | 3.554 | 1.06 | 1.63 | 4.97 |
| 1992 | 25 | 巴塞罗那 | 16.35 | 19.00 | 6.40 | 3.56 | 1.44 | 0.58 | 5.00 |
| 1996 | 26 | 亚特兰大 | 15.73 | 15.89 | 7.00 | 5.374 | 0.314 | 1.19 | 0.16 |
| 2000 | 27 | 悉尼 | 25.17 | 25.97 | 13.18 | 3.15 | 0.66 | 0.25 | 5.50 |

注：资料来自国家体育总局信息所数据库；表中数字单位为亿美元；资金投入有的届次包括了场馆等基础设施建设；有关历届奥运会的收支统计有多种结果。

**表1-2　1980—1996年历届奥运会做电视转播的国家和地区数及观众人次**

| 举办时间（年） | 届次 | 举办地点 | 国家和地区数（个） | 观众人次（亿） |
|---|---|---|---|---|
| 1980 | 22 | 莫斯科 | 111 | — |
| 1984 | 23 | 洛杉矶 | 156 | — |
| 1988 | 24 | 汉城（现首尔） | 160 | 104 |
| 1992 | 25 | 巴塞罗那 | 193 | 166 |
| 1996 | 26 | 亚特兰大 | 214 | 196 |

注：资料来自国家体育总局政策法规司所编《中国体育市场研究》第68页内容。

**表1-3　1972—2000年历届奥运会电视转播权销售收入增长情况**

| 举办届次 | 时间（年） | 收入数额 | 递增率（%） |
|---|---|---|---|
| 20 | 1972 | 0.18 | — |
| 21 | 1976 | 0.23 | 28 |
| 22 | 1980 | 0.87 | 27 |
| 23 | 1984 | 3.60 | 31 |
| 24 | 1988 | 4.01 | 11 |
| 25 | 1992 | 6.40 | 59 |
| 26 | 1996 | 7.00 | 9 |
| 27 | 2000 | 13.18 | 71 |
| 28 | 2004 | 16.00 | 33 |

注：资料来自国家体育总局政策法规司所编《中国体育市场研究》第68页内容；表中收入数额单位为亿美元。

**表1-4　1992年巴塞罗那奥运会开发无形资产收入占各项收入之和的比例**

| 项目 | 收入金额 | 百分比（%） |
|---|---|---|
| 出售电视转播权 | 4.5364 | 27.7 |
| 出售特种许可证和广告赞助费 | 4.9988 | 30.5 |
| 发行彩票 | 1.6870 | 10.3 |
| 出售纪念币章、纪念邮票 | 0.5783 | 3.5 |
| 社会及私人捐助 | 1.0843 | 6.6 |

续表

| 项目 | 收入金额 | 百分比（%） |
|---|---|---|
| 出售门票 | 0.7918 | 4.8 |
| 国家预算拨款及其他收入 | 2.7048 | 16.5 |
| 总计 | 16.3814 | 100 |
| 无形资产收入总计 | 12.8848 | 78.7 |

注：资料来自国家体育总局政策法规司所编《体育经济政策研究》第159页内容；表中收入金额单位为亿美元。

在此期间，美国、欧洲与日本等市场经济和体育产业发达的国家及地区，在竞技体育无形资产开发方面取得了非常成功的业绩，也有很多成功的经验。竞技体育无形资产开发的主体，主要是俱乐部形式的体育企业、体育经纪公司以及社会团体形式的各类体育协会，如国际奥委会、国际足联、国际管理集团、美国全国篮球协会、英国曼联足球俱乐部和意大利尤文图斯足球俱乐部等，都在非常系统地进行着竞技体育无形资产的开发，并成为无形资产经营的受益者，其中国际管理集团则是经营竞技体育无形资产的盈利大户。表1-5反映的是部分发达国家体育产业产值和国内生产总值（GDP）的比例情况，竞技体育无形资产的产值一般占体育产业产值的10%~30%，这些数据表明，竞技体育无形资产在发达国家体育产业经营和经济社会发展中发挥着重要的作用，是支撑一个国家体育事业发展的重要经济支柱。

**表1-5 部分发达国家体育产业产值和国内生产总值（GDP）的比例情况**

| | GDP | | | 体育产业产值 | | | 占GDP百分比（%） | | |
|---|---|---|---|---|---|---|---|---|---|
| | 1996年 | 1997年 | 1998年 | 1996年 | 1997年 | 1998年 | 1996年 | 1997年 | 1998年 |
| 美国 | 75761 | 77457 | 82106 | 1723 | 1971 | 2198 | 2.3 | 2.5 | 2.7 |
| 英国 | 11500 | 12717 | 13574 | 236 | 242 | 276 | 2.1 | 1.9 | 2.0 |
| 意大利 | 10900 | 11454 | 11710 | 198 | 221 | 262 | 1.8 | 1.9 | 2.2 |
| 澳大利亚 | 3365 | 3911 | 3643 | 43 | 60 | 51 | 1.3 | 1.5 | 1.4 |
| 日本 | 46400 | 42016 | 37831 | 963 | 845 | 763 | 2.1 | 2.0 | 2.0 |

注：资料来自联合国资料库的《世界经济发展报告（1997—1999）》和国家体育总局信息所数据库；表中数据单位为亿美元。

国外在对竞技体育无形资产的理论研究方面，有关的资料和报道不多，研究成果主要是结合实际的开发设计规划、经营预算方案和单项研究分析报告等，而且更多的是统一归在整体的体育产业开发之列。研究的特点是和实际工作结合紧密，重视开发的筹划和预算及经验的总结和分析，并没有对竞技体育无形资产的概念界定和历史发展等进行研究，也没有在理论上进行类别的细分和设计更宏观长远的发展规划。理论研究的系统性和深入度不够是很多发达国家客观上存在的不足，原因在于国外缺乏专门的理论研究机构和激励机制。

## 二、国内竞技体育无形资产的发展与研究状况

在我国，竞技体育无形资产的开发利用始于20世纪80年代初。1980年10月，在广州第一次举办职业运动员参加的广州网球精英大赛上，开始出现国外烟草公司和汽车公司的广告赞助。随之一些项目的国家队运动员开始使用外国公司赞助的运动器材。这些国外厂商的举措开阔了国内企业家的视野，越来越多国内企业有了赞助运动队和大型体育赛会的投资行为。1984年洛杉矶奥运会，“海鸥手表”和“健力宝饮料”开始赞助中国体育代表团，当时“健儿参加奥运会，海鸥飞往洛杉矶”成为家喻户晓的广告词，赞助企业也因此产品销量大增。同期还出现了企业和足球队联合办队的投资形式，如广州足球队和白云山制药厂、辽宁足球队和东北制药厂等，之后迅速普及并推广到其他项目，成为一种十分盛行的企业投资方式。一方面，运动队和赛会组织可以利用自己的影响和良好声誉，得到来自社会各界可观的资金支持，以维持运动队和组织机构的正常运作；另一方面，企业通过赞助活动可以扩大影响和知名度，促进企业效益的提高。在1987年广东省第六届全运会期间，首次尝试性地对会徽、吉祥物、秩序册广告和场地广告牌等无形资产进行商业开发，收到较好的经济效益，改变了以往全运会一切由政府包办的模式。到1997年上海举办第八届全运会，仅在无形资产上的收入已达数亿元人民币。虽然这一切仍然是初级的体育产业开发，我国对竞技体育无形资产的开发利用也只是刚刚起步，而且对竞

技体育无形资产的价值、开发潜力及其发展趋势等并没有较深刻的认识，但是我们已经看到国内丰富的竞技体育无形资产资源及其广阔的市场前景。正是这种初级的无形资产开发及不断地增加项目和扩大范围，客观上为运动队和企业更深层的联合，以及后来全面的竞技体育无形资产开发在思想认识和物资准备上创造了前提条件。

我国有计划和系统地进行竞技体育无形资产开发是在体育产业化改革之后，并且得到较迅速的发展。1993年以后，体育产业化发展进入一个新的阶段，随着社会主义市场经济体制改革目标的确立，国家体委（今国家体育总局）出台了《关于培育体育市场、加快体育产业化进程的意见》，确定了体育要面向市场、走向市场，以产业化为方向的基本思路，并陆续推出了全国性单项协会实体化、实行竞技体育职业俱乐部体制、开放竞技体育市场、发行体育彩票和成立体育基金筹集中心等具体改革措施。改革后成立的独立经济实体按照市场经济规律进行全面的竞技体育无形资产的市场开发，各种体育比赛和运动队的冠名权购买、利用体育比赛和著名运动员做广告、赞助竞技体育赛事等活动逐渐普及开来，我国的竞技体育无形资产资源开始得到多渠道、多种形式的开发和利用。1994年中央电视台出资1000万元人民币购买全国足球甲A联赛电视转播权，标志着我国竞技体育无形资产开发进入更广阔的领域，此后，在开发和利用各种冠名权、电视转播权、广告制作权和竞技体育产品专利权等竞技体育无形资产方面也不断取得进展。1996年利用参加第26届亚特兰大奥运会的契机，我国竞技体育无形资产的开发无论是在观念和认识上，还是在实际操作方式和效果上，都发生了飞跃性的变化，1995年7月国家体委把中国体育代表团的赞助征集交给装备器材中心办理，使过去无形资产开发的无序状态开始向市场化、法治化、规范化和程序化的方向转变，这届奥运会中国代表团共得到70多家企业的商业赞助，获得1000万元人民币的商业赞助费。特别是1996年3月第八届全国人民代表大会第四次会议通过的《国民经济和社会发展“九五”计划和2010年远景目标纲要》提出我国体育产业化发展之后，竞技体育无形资产开发的内容不断丰富、数量不断增多、规模不断扩大。但从整体上看，我国竞技体育无形资产开发的规模和实际的经济效益还远没有达到应有的水平。表1-6是1997年和1998年我国部分省市体育产业产值和GDP比例情况，由此推算全国体育产业产值最多只占GDP的0.2%，其中各省市竞技体育无形资产的产值一般只占体育产业产值的1%~5%。

**表1-6　1997年和1998年我国部分省市体育产业产值和GDP比例情况**

| | GDP | | 体育产业产值 | | 占GDP百分比（%） | |
|---|---|---|---|---|---|---|
| | 1997年 | 1998年 | 1997年 | 1998年 | 1997年 | 1998年 |
| 北京 | 1810.09 | 2011.31 | 28.65 | 32.37 | 1.58 | 1.61 |
| 上海 | 3360.21 | 3688.20 | 47.68 | 53.50 | 1.42 | 1.45 |
| 江苏 | 6680.34 | 7199.95 | 14.70 | 15.12 | 0.22 | 0.21 |
| 广东 | 7315.51 | 7919.12 | 28.87 | 37.96 | 0.39 | 0.48 |
| 河南 | 4023.13 | 4501.10 | 2.72 | 3.15 | 0.07 | 0.07 |
| 合计 | 23189.28 | 25319.68 | 122.62 | 142.10 | 0.53 | 0.56 |

注：资料来自《中国统计年鉴（1998—1999）》和国家体育总局经济司提供的统计资料；表中数字单位为亿元。

以上数据反映出我国的竞技体育无形资产开发水平与部分发达国家相比存在着巨大的差距，也反映出体育产业及竞技体育无形资产的产值在GDP中所占份额较小，说明竞技体育无形资产作为体育产业发展的重要支柱在我国还没有发挥其应有的作用。但应当看到的是我国竞技体育无形资产的发展规模已经占据了体育产业的重要地位，也预示出我国的竞技体育无形资产发展有着巨大的潜力和空间。所以，我们有必要对目前的发展状况有一个客观的认识：我国的竞技体育无形资产开发已经取得较大的成效，也正在不断积累经验和向更高的目标努力；但应当承认，我国的体育产业及竞技体育无形资产的开发处在起步阶段，各个方面都亟待发展和提高。以上产值的对比不仅从客观的绝对数字上反映出我们的差距，而且在各种相对数字的比较、产业质量和管理水平等方面都存在差距，竞技体育无形资产开发还存在政策法规不健全、开发资金不足、经营管理经验缺乏、中介组织运作不规范等问题，具体如何有效保护和利用竞技体育无形资产资源的问题，也需要今后不断研究和探索。

在理论研究方面，有关体育无形资产的理论探索从1995年开始就有学者着手进行。1997年出版的《体育经济政策研究》一书，1998年出版的《体育软科学研究成果汇编（1995—1996）》文集，以及1997年《第五届全国体育科学大会论文摘要汇编》，及其他一些学术刊物上先后刊发的《关于体育无形资产开发利用政策研究》《体育无形资产管理与开发的理论研究》《体育无形资产若干问题初探》《体育无形资产的基本特征及经营之道》和《体育无形资产初探》等论文，基本是对体育无形资产的概念界定、类别划分、性质特征等的初步探讨，也概括性地阐述了国内外体育无形资产的发展情况及未来我国体育无形资产研究的主要目标、基本内容和面临问题等。总体看能查找到的相关文献资料不多，现有的也都是纲要性的内容，对体育无形资产研究的广度和深度都很不够。其中有关竞技体育无形资产的专门理论研究报道更少，而有关竞技体育无形资产发展战略的研究则是一块空白。所以，竞技体育无形资产问题不仅在开发利用实践上需要探索出行之有效的途径和方法，在理论上也需要系统和深入地研究，这一切都需要我们结合竞技体育领域的实际情况进行开拓和创新，体育产业开发也迫切需要我们在竞技体育无形资产领域的研究上能够有所突破。

## 第二节　竞技体育无形资产的地位与意义

体育事业是国民经济和社会整体发展的重要组成部分。在我国经济飞速发展，特别是在实行社会主义市场经济体制及进行产业结构优化调整的宏观环境下，把我国的体育事业在整个社会及经济发展中的重要性做一个准确的定位，是社会发展战略的需要。我国的很多经济学家认为：社会发展需要重视体育对于经济的作用，通过体育发展促进经济发展是发达国家和中等发达国家的既成事实，体育和经济的关系问题是世界性和世纪性的课题，我国的经济发展必须面对这样一个现实。以上的观点把体育事业定位在整个社会系统的重要位置上。我们应当深刻地认识和理解这一定位，也应当意识到今后工作所面临的挑战，要让体育在国民经济运作中发挥更大的作用，让社会更充分地认识体育事业发展的深远意义。

## 一、竞技体育无形资产与体育事业发展的关系

随着我国市场经济体制的确立和体育事业自身的发展，要求体育改革必须转向管理体制和运作机制的深层发展，必须走产业化发展的道路。改革开放以来在经济和体育方面所取得的巨大成就，为体育向产业化发展奠定了思想基础和物质基础。党的十四大之后，我国以竞技体育为龙头的体育产业得到迅速的发展和壮大，初步建立起体育市场管理模式和产业经营运作机制。体育事业对国民经济和社会发展的作用也凸显出来。但应当明确，我国的体育产业和市场开发仅处于起步阶段，还有诸多政策和理论问题亟待研究和解决，需要对体育事业和体育产业及其中的各种关系有一个清晰的认识。体育事业要持续、稳定、健康地向前发展，必须走自我生存、自我发展的产业化道路。体育产业是体育事业中按照产业方式运作并向社会提供产品的部分。在现在的社会环境下，体育本体产业发展的三大支柱之一是体育无形资产的开发和利用。而竞技体育无形资产是目前开发利用最多、开发潜力最大、社会效益和经济效益最显著的体育无形资产，是我国未来体育事业经费的重要来源。所以，体育事业的改革和发展必须研究竞技体育无形资产，也需要根据我国的实际情况，以战略眼光谋划竞技体育无形资产的发展。可见，竞技体育无形资产和体育事业发展之间有着密不可分的关系。

## 二、竞技体育无形资产在体育事业发展中的地位

在各个不同的历史时期，体育事业的发展都有着不同的规律和时代特征。体育事业的改革和发展在当今的市场经济环境下，只有按照市场经济规律去运作，以系统的观点和发展的眼光充分认识整体发展和各个要素及其相互影响的

关系，才能真正把握好发展的方向、处理好发展中的问题。

竞技体育无形资产是体育组织机构和产业部门资产的重要组成部分，有着巨大的开发潜力和商业价值，是亟须挖掘的无形资源和财富。从国外的体育产业发展规律和经验看，竞技体育无形资产的开发利用无论是在项目的数量和规模上，还是在体育产业盈利的总金额比例上，都占据着重要的地位。在国际上，科技先进和市场经济发达国家的体育产业，无一不是以竞技体育无形资产的开发作为体育产业的支柱，无一不在大量地利用竞技体育无形资产支撑着体育产业和各项体育事业的发展。我国未来体育事业的产业化发展，竞技体育无形资产也必然居于整体体育战略的重要位置。随着体育在日常生活和经济生活中地位的日益提高，特别是竞技体育的职业化和产业化发展，使竞技体育作为企业声誉和商业信息传播的载体作用越来越突出，利用竞技体育创品牌和搞促销的经营活动几乎成为所有大公司的战略手段之一，社会形成一种强大的对竞技体育过程中无形资产的需求。在社会主义市场经济体制下，我国的体育产业要想得到健康、快速的发展，必须对竞技体育无形资产的开发及其理论做全面、系统的研究，建立适合社会主义市场经济和体育产业发展规律的观念和认识。从社会整体发展的角度来看，竞技体育无形资产的开发利用不仅是体育事业改革发展的重要内容，也和整个社会的经济发展紧密联系在一起，所以需要从发展战略的高度认识竞技体育无形资产。

## 三、有效开发利用竞技体育无形资产的意义

根据我国的经济发展和竞技体育的社会影响，借鉴国外体育产业经营开发的经验，综合分析我国竞技体育无形资产开发的意义，主要体现在以下几个方面。

### （一）从体育改革和产业化发展的角度

体育产业发展的根本在于其本体产业的开发，竞技体育无形资产是体育本体产业开发的重要内容。在体育本体产业中，竞技体育无形资产作为三大支柱之一，无论是在数量上、开发潜力上，还是在产生的实际效益上，都占据很大

的比重。所以，竞技体育无形资产的开发和利用对于体育改革和体育产业的发展具有重要的意义。

### （二）从发展体育事业的经济需求角度

任何一个国家体育事业的发展都是以经济为基础，未来我国体育事业经费将大量来源于竞技体育无形资产的开发。我国以往体育事业经费主要依靠政府的财政拨款，这种方式是在计划经济体制、经济发展落后和人们生活消费水平较低时期的必然选择。而随着社会经济发展和市场经济体制的建立，必然会出现社会对体育的多种需求，出现体育事业经费无法满足需求的矛盾。从很多经济发达国家和国际体育组织的体育事业经费构成看，竞技体育无形资产的开发不仅在体育产业发展中发挥着重要作用，也在各项体育事业的经营和运作过程中起着经济支撑作用。

### （三）从对社会产生的整体效益角度

竞技体育无形资产的有效开发和利用，能对社会发展产生良性的互动作用。竞技体育无形资产的开发利用与整个社会的政治经济有着广泛和密切的联系，一方面竞技体育无形资产是体育发展过程中蕴藏着的资源和财富，同时也是整个社会财富的组成部分，有效地开发和利用竞技体育无形资产，能避免社会资源的浪费和流失。另一方面，竞技体育无形资产的开发利用过程，也正是众多公司和企业利用竞技体育的影响和声誉，提高其知名度和产品影响力的过程。所以，这一过程使竞技体育无形资产拥有者和利用者双方受益，产生互动的良性效益。

### （四）从竞技体育无形资产自身发展的角度

竞技体育无形资产的不断开发和创造，可以丰富其内涵，使其自身体系不断得到发展和完善。竞技体育无形资产本身也随着社会经济的发展在不断变化和发展。从内容体系上看，其项目不断地增多并重新组合；从价值量上看，竞技体育无形资产越来越成为一种巨大的财富，竞技体育无形资产的开发过程正是其体系不断完善和实现价值增值的过程。综上所述，竞技体育无形资产是体育事业发展中的重要要素，竞技体育无形资产的开发利用对体育产业和体育事业的发展起支撑作用，同时也对社会的发展和进步发挥着重要作用。

## 第三节 发展战略理论与竞技体育无形资产发展的结合

发展战略学是一门新学科，发展战略的概念是美国经济学家艾伯特·赫希曼于1958年首先提出的，其社会历史背景是在第二次世界大战之后。当时，无论是发达国家还是发展中国家，都出现了研究、制定、实施和调整经济社会发展战略的热潮。在这一过程中，发展战略学作为一门独立的学科得到不断发展和完善。从20世纪60年代开始，联合国每10年制定一个国际发展战略，这对国际社会的整体协调发展发挥了非常重要的作用。

### 一、发展战略理论的兴起

在当代，全世界的各个国家或地区及其各个领域和行业都在研究和制定发展战略。市场经济体制，是运用宏观调控的方法来组织经济的运作和发展，其中研究和实施发展战略与法治建设密切相关，也是进行宏观调控的重要内容和手段。市场经济条件下的各个市场主体只有把握全局、从长计议，通过制定切实可行、高人一等的发展战略，才能在竞争中立于不败之地。

在我国，最早是1981年由于光远先生提出建立“经济社会发展战略学”的设想，初步确定了发展战略学研究的内容，之后多名学者从不同角度展开研究并提出不同的观点和思路，1988年刘则渊所著《发展战略学》一书明确确定了发展战略学的理论体系。我国改革开放之后出现了“战略热”，这种研究和制定发展战略的热潮经过了一个从学术界到政界、从中央到地方，然后波及社会各界的过程。目前社会的各个层面、各个行政区域、各个行业系统和各个大小企业都在研究制定发展战略，发展战略理论在与我国经济社会实际结合中得到发展和完善，也在我国的经济建设和各行各业的发展中发挥着重要作用。

## 二、发展战略理论的普遍指导意义

发展战略学的研究范畴虽然只是经济社会发展领域，而且只是研究经济社会发展中的战略问题，但它的外延十分宽广，涉及社会经济生活的各个方面。所以，发展战略学研究的应用面很宽，适用于任何经济社会领域制定发展战略的研究。在社会各项事业的宏观发展领域，存在着战略指导发展与无战略指导发展的矛盾，这一矛盾是人们对社会经济生活控制能力的特殊表现，解决这一矛盾的办法就是科学地制定和实施发展战略。发展战略理论可以克服我们无战略指导的盲目发展，是促进经济繁荣和社会进步的有力武器。“发展战略”是一个总称，它包含着多种多样的类型。社会发展战略是综合性程度最高的发展战略，是一个大的系统，它不是为实现人类活动的某一专门目标所进行的运筹和谋划，而是从综合的角度，是以实现人类社会整体、全面的发展为目标所进行的运筹和谋划。一项社会发展战略在内容上需要包括诸多综合性程度较低的发展战略及专项性发展战略，图1-1为发展战略的多样性及它们之间的关系。

从结构体系的角度看，可以把上述综合性程度不同的各层发展战略依次看成“目标—措施”之间的关系，即综合性程度较高一层的发展战略是较低一层发展战略的间接或终极目标，较低一层的发展战略是实现较高一层发展战略的措施或手段。社会发展的战略总目标就是通过诸多较专门化的发展战略的实施来共同实现的。由此我们可以认知：一个国家或地区在不同的历史时期制定切实可行的发展战略是社会发展的必需，而层次较低、专业化程度较高的发展战略的制定则是社会整体发展战略的重要组成部分，也是各个部门和系统竞争和发展的必需。由以上阐述可知：发展战略理论在当今社会得到广泛的认可和运用，这主要是缘于发展战略理论对经济社会发展及各行各业的发展都发挥着重要的作用。这种作用的发挥所具有的普遍意义体现在以下几个方面。

### （一）研究和运用发展战略理论利于提高决策水平

在当今以发展经济为主流的大的国际社会环境中，无论是一个国家、一个地

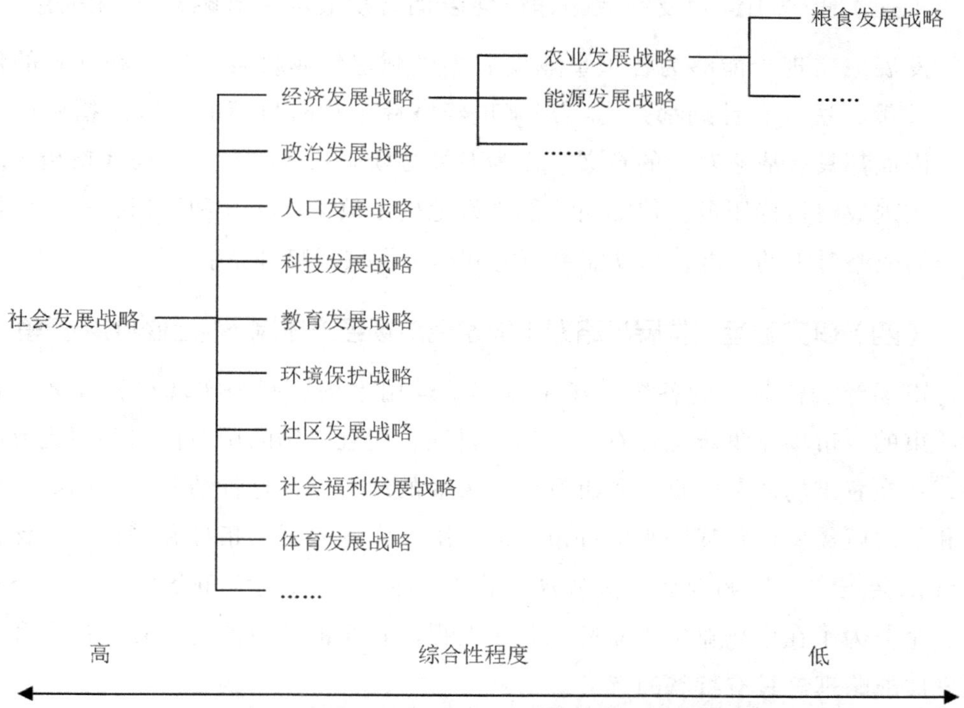


图1-1 各种综合程度不同的发展战略含属关系示意图

方，还是一个部门，战略的正确就是最大的效益，战略的失误就是最大的损失。所以，我们必须认真研究与经济相关联的各个社会发展领域的决策问题。而要保证战略决策的科学性和可行性，就必须借助于发展战略理论的研究。

### （二）研究和运用发展战略理论利于加强一项事业发展的战略指导

任何一项事业的发展过程中，宏观的指导都是十分重要的工作环节。能够从战略的高度，从全局利益和长远利益来看待一项事业，就容易抓到问题的关键，妥善地解决问题和矛盾。而忽略战略上的指导，习惯于就事论事的具体指导，就容易错失发展的机会。所以，要提高我们自身的战略指导能力，就需要研究和运用发展战略理论和方法。

### （三）研究和运用发展战略理论可以指导事业发展战略对策的制定

发展战略理论能够为各项事业发展提供制定具体政策、法令和计划的依据。政策、法令和计划都是为实现某项经济社会战略目标而采取的措施或手段，因而都具有战略对策的意义。作为对策必须服从战略，为贯彻战略指导思想和实现战略目标服务。但如何才能更好地确定政策、法令和计划，充分发挥其作为战略对策的功能，这就需要研究和运用发展战略理论。

### （四）研究和运用发展战略理论能避免市场经济体制下盲目的市场竞争

市场经济体制下的各个市场主体都是运用市场机制来实现自我发展、自我约束的，市场竞争难免带有一定的盲目性，而且市场的调节作用并不是万能的，存在着市场调节的盲区和市场调节失效的地方。在这种情况下，国家、地方和部门就需要调整战略来弥补市场的缺陷，实施宏观的指导和调控，以保证经济社会正常、协调地运作和发展。由此可见，在市场竞争条件下，各个行业、企业为了在市场竞争中获胜，除了要提高自身的竞争能力之外，研究和运用发展战略理论具有特殊的意义。

## 第四节　竞技体育无形资产发展战略研究的必要性与可能性

竞技体育无形资产作为蕴藏在体育过程中重要的经济资源，是我国未来体育事业运行和发展的重要经济支柱。竞技体育无形资产发展战略的研究和制定，是体育事业改革与发展所需要解决的问题，也是体育整体发展战略的重要组成部分和关键环节，意义重大。从理论上讲，竞技体育无形资产发展战略研究是一个全新的命题，不仅要对竞技体育无形资产的基本理论做全面系统的研究，而且要结合发展战略理论，从不同层面对竞技体育无形资产发展的主要目标、指导思想、不同时期的任务和阶段重点等进行系统研究，这不仅对竞技体育无形资产开发有宏观的指导意义，还对我国体育发展战略理论是一大贡献。

## 一、竞技体育无形资产发展战略研究的必要性

从实践上看，我国的竞技体育无形资产开发还处在起步阶段，不仅存在自身经验不足和资金不足、系统地学习和吸取国外经验不够等问题，还存在在政策制定和法治建设方面的不足，这一切都需要结合发展战略理论在整体和宏观上加以部署、调整和指导。所以，我国目前的竞技体育无形资产开发虽然在实践方面已经迈出了重要的一步，但在开发的深度和广度及所产生的实际经济效益上都还远远不够；在基本理论研究方面虽然取得了一定的进展，但研究缺乏系统性和整体性，在长远的发展战略研究方面则更显得不足。很多的经验证明，通过系统深入的研究而确立的某一项事业的发展战略，对该项事业的发展有着至关重要的作用。竞技体育无形资产发展战略的研究，从宏观到微观，从政策法规到管理经营，与实践开发过程中的很多问题都密切相关。这样能全方位地为实践开发提供理论和方法上的指导，有利于我国的竞技体育无形资产得到整体协调的发展也必然有利于我国整个体育事业和体育产业的发展。所以，我国的竞技体育无形资产发展应该站在一个更高的视点，综合地利用各种有利的因素，进行宏观的发展战略研究和谋划。

21世纪初，我国处在向经济强国迈进的开始阶段，社会和经济的发展都处在历史的关键时期，体育事业的发展也同样面临着机遇和挑战。21世纪初，我国加入WTO、申办2008年奥运会，这两件世纪初的大事，都和我国竞技体育无形资产的开发利用有着极密切的关系，要求竞技体育无形资产的发展必须上升到发展战略的高度。

## 二、竞技体育无形资产发展战略研究的可能性

竞技体育无形资产发展战略的研究和制定需要在一定的背景下，具备一定的前提和可能。因为任何一项发展战略的制定，都需要在较适宜的内外环境条件下，特别是在具有较大的发展潜力和空间的前提下，一般是在该项事业相对处于落后或不发达的情况下。我国的竞技体育无形资产发展整体上处于落后状

况，是从较低的起点向更高的目标发展，这一发展过程是漫长的，这一过程为我们提供了制定发展战略的现实可能和发展空间。因此，我们才更有可能制定一个全局性的和长远的竞技体育无形资产发展战略。这一点我国的情况与国外不同，在很多市场经济发达的国家，竞技体育无形资产的开发和利用，从开始的小范围、局部的单项开发，到今天的大规模的系统开发，完全是在市场调节的作用下发展起来的，并没有制定规范和长远的发展战略。而我国的竞技体育无形资产发展正处在充满机遇和挑战的历史时期，具备制定发展战略的有利条件和可能。

### （一）整体外部环境提供的可能

从外部环境看，改革开放以来我国的政治环境稳定，经济一直处于持续快速增长的发展阶段，而且建立了社会主义市场经济，我国竞技体育无形资产的发展具备了相当的经济基础和发展环境，可以说大力发展竞技体育无形资产的基本前提条件已经具备。我国在宏观策划方面具有优势，在组织和调动人员、集中物力财力等方面具有较大的主动权，各级领导具有丰富的宏观管理经验，而且在我国有专门的体育科研机构和大量的专业科研人员，整体上有能力做好竞技体育无形资产发展战略的研究工作。

### （二）人文环境条件提供的可能

从人文环境条件看，经过广大学者和科研人员的研究和探索，我国目前已经建立了与竞技体育无形资产发展战略研究相关的众多学科的理论体系，如发展战略学、体育社会学、体育管理学、体育经济学等学科都已经自成体系，这些为竞技体育无形资产发展战略的研究起到了重要的指导作用。而且我国在大力开发竞技体育无形资产的同时，也进行了比较系统的有关竞技体育无形资产方面的理论研究，在竞技体育无形资产发展战略研究方面已经具备相当的实践基础、物质基础和理论基础。

### （三）内部环境条件提供的可能

从内部环境条件看，我国经过体育产业化发展的深化改革，有一大批经营体育产业的企业和机构成长壮大起来，对经营竞技体育无形资产也积累了相当丰富的经验，而且我国拥有丰富的竞技体育无形资产资源储备和良性的体制机制，竞技体育无形资产也逐渐成为社会经济发展的重要因素。从整体的体育市场情况看，社会对体育的需求在不断扩大，体育市场已经具有相当的规模，从社会对竞技体育无形资产的市场需求看，基本形成一个快速平稳增长的趋势，这些都为研究和制定我国的竞技体育无形资产发展战略提供了前提和保证。

### （四）国家政策条件提供的可能

从政策条件看，我国一直把体育事业作为社会主义公益事业的组成部分，深化改革之后又把体育产业作为体育事业发展的重要内容和必要条件，坚持鼓励和扶持体育产业发展的基本政策，在产业经营和税收方面都有较大的优惠，并且始终坚持深化改革和加大对外开放交流的思路。竞技体育无形资产作为体育产业的重要支柱，国家和产业部门都非常重视，也采取了很多具体的政策和措施，我们有理由相信国家的政策环境会越来越有利于竞技体育无形资产的发展。当然，我们还可以不断学习和借鉴国外的成功经验，比如在设定战略目标、把握发展过程、发展重点和整体布局等方面。

## 第五节 竞技体育无形资产发展战略研究的指导思想、目的与内容

在竞技体育无形资产发展战略的理论研究方面，要想建立正确思想认识及与我国各级体育组织机构和产业部门达成一致，并能够与竞技体育无形资产的开发实践相统一，就必须有明确的指导思想及研究目的与内容。只有这样才能更有力地促进体育事业、产业理论的发展，也对体育产业化发展起到理论上的支持和指导作用。

## 一、竞技体育无形资产发展战略研究的指导思想与目的

本研究是以建立完整系统的、能够有效指导实践的竞技体育无形资产发展战略的理论体系为基本的指导思想，在全面考察我国市场经济发展及国际体育产业发展和竞技体育无形资产开发的基础上，结合我国竞技体育无形资产的基础和开发实际，运用发展战略理论，构建我国21世纪初的竞技体育无形资产发展的设计。发展战略的制定要充分考察我国竞技体育无形资产发展的潜力和可能，要广泛吸取和总结国内外开发和研究的经验。对我国竞技体育无形资产发展的问题，要从更高的视点和更全面的视角考察其内外环境、各种利弊因素，以使能够科学地预测和把握未来若干年竞技体育无形资产发展的动态变化。本研究要注意把长期发展和短期开发、长远利益和眼前利益、整体发展和局部发展协调统一起来，达到客观、准确地描绘我国竞技体育无形资产发展的战略蓝图。

本研究以我国整体的竞技体育无形资产发展战略问题作为核心和研究对象，全面综合地论证我国竞技体育无形资产发展的一系列战略性问题。研究目的如下：第一，系统地总结和归纳有关竞技体育无形资产的基本理论及要点，建立起基本的竞技体育无形资产的理论体系；第二，确定我国竞技体育无形资产发展的主要利弊因素，明确竞技体育无形资产发展的环境条件和基本前提；第三，建立我国整体的竞技体育无形资产发展战略的体系框架，指明竞技体育无形资产发展的战略指导思想、战略目标、战略重点、战略阶段及基本的战略对策，以及各个阶段的具体任务和措施；第四，建立适合我国发展需要的竞技体育无形资产发展战略的分类方法体系，为不同地区、不同系统的战略主体制定中观和微观发展战略提供依据和指导。

## 二、竞技体育无形资产发展战略研究的内容

竞技体育无形资产的发展战略有着丰富的研究内容，整体上包括竞技体育无形资产的基本理论、宏观发展战略、中观发展战略和微观发展战略等几个层面，每个层面又都包含很多具体而复杂的问题。以往有关专门的竞技体育无形

资产的理论研究比较缺乏，而实际的体育产业及其无形资产开发非常需要明确竞技体育无形资产的基本理论，特别是研究和制定竞技体育无形资产的发展战略，就更需要对其基本理论加以规范。研究的具体内容如图1–2所示。

竞技体育无形资产发展战略研究从竞技体育无形资产的相关基本理论着手，其中包括竞技体育无形资产的界定和历史发展，竞技体育无形资产的地位和意义，竞技体育无形资产的性质和内容，以及竞技体育无形资产的分类方法和特点等。本研究基本围绕我国整体的宏观发展战略展开，包括分析竞技体育无形资产发展战略主要利弊因素，以及竞技体育无形资产发展战略各项要素内容。主要利弊因素包括国际国内政治经济环境条件、我国体育产业发展和体育市场运作状况、我国体育管理体制改革状况及我国竞技体育无形资产的政策和法治环境等内容。发展战略内容包括竞技体育无形资产发展的战略指导思想、战略目标、战略重点、战略阶段及战略对策等，基本是根据我国经济和体育产业发展及国际竞技体育无形资产经营开发的经验，制定我国整体的竞技体育无形资产发展战略。最后是根据我国竞技体育无形资产发展战略研究进一步深化的需要，建立三个竞技体育无形资产发展战略的分类方法体系，分别依据经济发展水平及地域和行政区的不同、开发主体性质和特点的不同、市场需求及相应竞技体育项群和项目的不同，从而为各自不同的中观发展战略和微观发展战略研究奠定基础。

- 竞技体育无形资产发展战略研究内容体系
  - 相关基本理论
    - 竞技体育无形资产的界定和历史发展
    - 竞技体育无形资产的地位和意义
    - 竞技体育无形资产的性质和内容
    - 竞技体育无形资产的分类方法和特点
    - 发展战略理论的要素
    - 竞技体育无形资产发展战略的概念和特点
  - 制约因素分析
    - 国际国内政治经济环境条件
    - 我国体育产业发展和体育市场运作状况
    - 我国体育管理体制改革状况
    - 我国竞技体育无形资产的政策和法治环境
  - 发展战略内容
    - 竞技体育无形资产发展的战略指导思想
    - 竞技体育无形资产发展的战略目标
    - 竞技体育无形资产发展的战略重点
    - 竞技体育无形资产发展的战略阶段
    - 竞技体育无形资产发展的战略对策
  - 分类方法体系
    - 根据不同经济发展水平及地域和行政区建立的分类方法体系
    - 根据开发主体性质和特点建立的分类方法体系
    - 根据不同市场需求及相应竞技体育项群和项目建立的分类方法体系

**图1-2　竞技体育无形资产发展战略研究内容体系**

## 第六节　研究方法

本研究以马克思主义的唯物辩证法为最基本的方法论指导，整体上以系统方法为基点，再综合采用其他研究方法。研究过程运用辩证观点和系统方法考察我国竞技体育无形资产发展战略的问题，把竞技体育无形资产发展战略问题当作一个完整的系统，注重系统整体与要素、整体与外部环境之间的相互影响和相互作用的关系，以从中综合、准确地考察研究的问题，达到最优化地分析和处理。研究重视系统结构对于系统功能的重要作用，强调结构是功能的基础，功能是结构的表现形式，相同要素组合成的系统必须追求其结构的最优化，以充分发挥系统整体优化的功能和作用。

## 一、获取资料信息的方法

在以上系统方法的框架内，研究所需资料和信息的获取方法主要包括文献资料法、社会调查法、专家调查法和观察法。当然，在信息和资料的获取过程中，同时会对资料做分析和整合处理，也包括直接把资料提炼出来用于文稿的撰写。

### （一）文献资料法

通过收集和阅读有关的著作和国内外文献资料，广泛学习、吸收和利用前人已有的知识经验和研究成果，弄清竞技体育无形资产及发展战略理论研究的历史、现状与发展动态；依据对已有资料的考察确定本课题的研究方向和研究内容及其研究的必要性和可行性，建立竞技体育无形资产发展战略研究的内容体系。文献资料的收集为课题相关基本理论的研究提供了前提条件；在具体的研究过程中，通过对文献资料的整理、归纳、分析、加工及抽象、概括等，为课题的论证和分析提供可靠的理论和实证依据，使文字叙述言之有物、论之有据。文献资料法是本课题研究资料和信息的主要来源，也是分析论证依据的基本来源。

### （二）社会调查法

主要采用访问调查的形式，通过对国家体育总局经济司、政策法规司等行政管理部门，装备器材中心、运动项目管理中心（协会）和竞技体育俱乐部等竞技体育无形资产开发部门进行访问调查，了解和考证我国竞技体育无形资产的整体发展情况、经营运作状况、政策制定与落实情况及发展规划情况等，收集与课题有关的第一手资料；就阅读和研究过程中遇到的问题，通过与竞技体育无形资产开发的管理者和具有经营经验的人员的访谈，获取各种真实和感性的事实材料及论证依据；通过调查考证课题设计的合理性，并做补充和完善，同时也确认课题研究的可行性和实用价值，明确研究内容的范围、战略周期的长短和课题方案的构架等。访问调查是进一步收集相关研究资料和信息的方法，也是下一步专家调查和课题论证的基础和前提。

### （三）专家调查法

针对课题研究过程中难以确定的问题设计调查问卷，问题包括相关基本理论、发展战略的利弊因素、战略指导思想的确定、战略目标的确定、战略阶段的划分、战略重点的确定及采用哪些战略对策等一系列问题，通过对有关专家学者进行咨询和调查，对以上问题进行不同层次的专业性评价、判断和预测，从而获得可靠和权威性的意见和信息，为课题研究提供有力的支撑。调查采用特尔菲法，聘请并确定15名专家，对问卷进行3轮调查，每一轮调查后都进行调查结果的综合反馈与整合处理，使专家意见趋于一致，得出最准确、最可靠的调查结果，以最后确定研究课题的整体结构和内容。15名专家包括从事体育社会学和体育经济学教学与研究工作的学者、负责主管体育无形资产业务和政策研究的行政管理领导及专门从事无形资产研究和开发的人员，具体情况如表1-7所示。为了确保问卷内容有效和问卷结果可靠，问卷经过了效度和信度检验。调查共发放问卷45份，回收45份，有效回收45份。通过专家调查和意见反馈保证了课题构思的完整性及研究的周密性和严谨性。

表1-7　问卷调查专家的组成情况

| | 学历结构 | | | 职称结构 | | | 专业结构 | | |
|---|---|---|---|---|---|---|---|---|---|
| | 博士研究生 | 硕士研究生 | 大学本科 | 正高 | 副高 | 中级 | 体育理论 | 行政管理 | 无形资产 |
| 人数（人） | 3 | 10 | 2 | 8 | 6 | 1 | 10 | 3 | 2 |

### （四）观察法

采用临场观察法时，观察没有特定的对象和指标，有一定的随机性和偶然性，主要是直观地了解现行竞技体育无形资产的局部经营和运作情况，获取生动、直观的感性材料，再把获得的经验事实与理论相结合，达到理论与实践的统一。同时通过对局部事实情况的观察与把握，为课题的研究和设计提供重要的事实依据。

## 二、资料信息处理方法与研究路线

逻辑方法是科研过程中分析、加工和处理所获得的资料和信息的一般方法，研究过程获得的资料以文字材料为主，也包括部分的数据和图表资料。分析处理资料的方法根据所获资料信息的来源、性质和数量及讨论问题的要点和特点，灵活采用某一种逻辑方法或综合采用两种和两种以上的逻辑方法。这些方法包括分析与综合法、归纳与演绎法、类比法、数理统计法、类别划分法等。研究过程的顺序和路线如图1–3所示。

# 第七节 小 结

本章整体地阐述了竞技体育无形资产发展战略研究的起因和基本构思。通过对国际国内竞技体育无形资产的产生和发展过程及研究状况的阐述，反映竞技体育无形资产与现今社会、经济生活的密切关联及其商业效用、经济价值，说明其实践开发的潜力，也说明目前对其理论研究的不足；通过阐述竞技体育无形资产与我国体育事业发展的关系及其重要地位，从其与社会的互动效用、体育深化改革需要、体育事业发展的经济需要及其自身发展的需要等不同角度说明发展竞技体育无形资产的重要意义；通过综述发展战略理论在世界范围内的兴起及其理论体系在我国的建立和推广，阐述不同层次发展战略的结构关系及其理论的普遍指导意义，说明发展战略理论与竞技体育无形资产发展相结合的条件和依据；从理论意义和实践意义及21世纪初我国体育事业发展所面临的机遇和挑战说明竞技体育无形资产发展战略研究的必要性，从现实的社会背景和各方面的环境条件说明这一发展战略研究的可行性；通过对竞技体育无形资产发展战略研究指导思想和研究目的的阐述，明确课题研究的基本设想、一般原则和最终目的，再依此构筑基本的研究内容框架；最后通过研究方法的阐述及研究顺序和路线的设计，明确整个课题研究的基本思路。

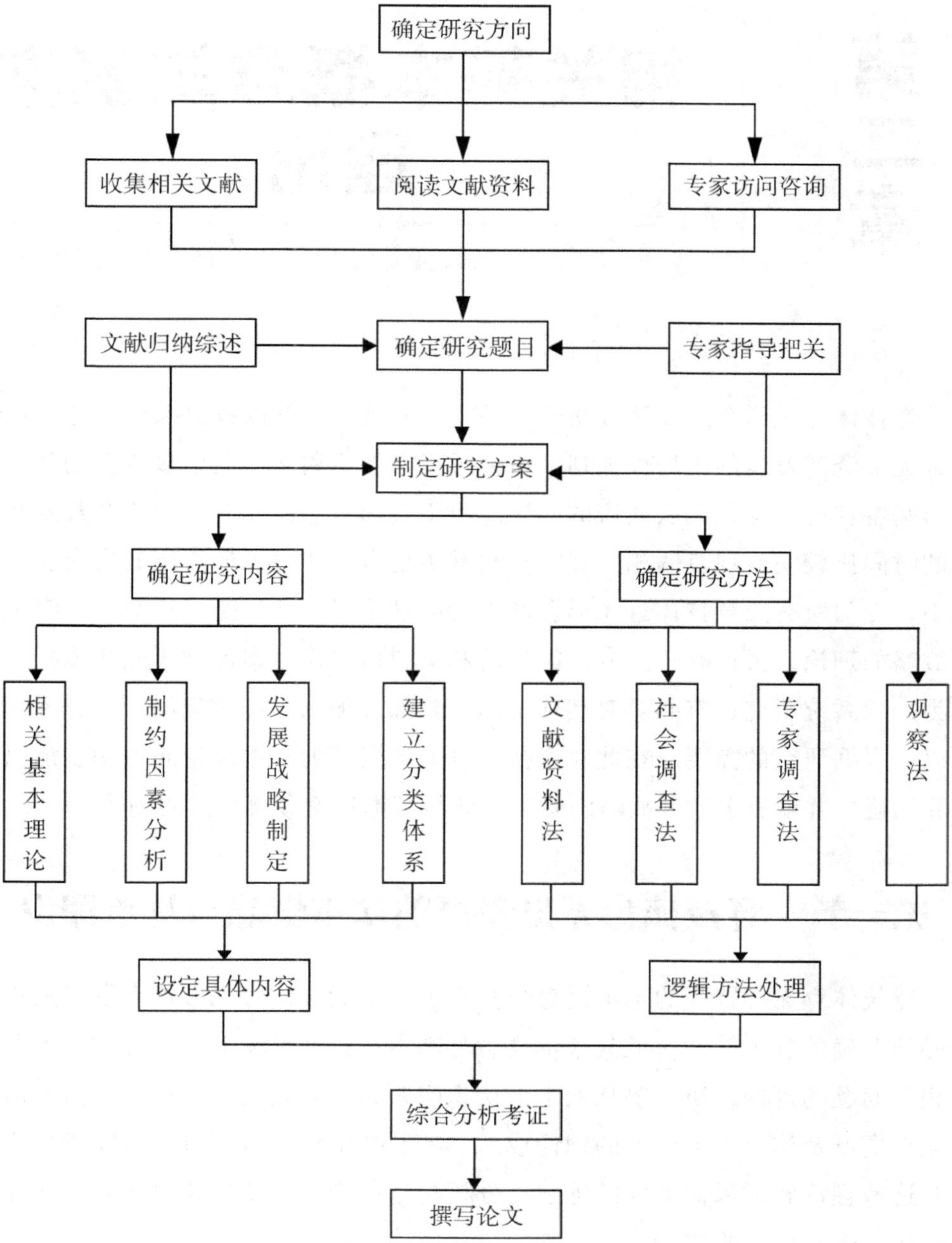


图1-3 研究过程的顺序和路线示意图

# 第二章 相关基本概念与基本理论

竞技体育无形资产发展战略研究是一项宏观、系统的科研课题，是对竞技体育无形资产发展的全局性谋划。研究过程必然运用和涉及诸多相关的基本概念与基本理论，这是无法回避的问题。由于我国对竞技体育无形资产开发和研究的时间比较晚，现有的相关文字资料基本包含在体育无形资产的研究和论述之中，专门对有关竞技体育无形资产进行的理论研究几乎是一片空白；有关发展战略的理论，虽然有很多专门的论著和资料可以作为本课题研究的依托，但作为一项系统研究，有必要对其理论的精要部分加以提炼并应用于研究过程。所以，根据研究的需要，在此对竞技体育无形资产的基本理论问题初步加以界定和明确，并就有关发展战略的基本概念与基本理论做概括性的阐述。

## 第一节　竞技体育无形资产的基本概念与基本理论

竞技体育无形资产的基本概念与基本理论是竞技体育无形资产发展战略研究必须明确的基本问题，但其基本概念与基本理论都是无形资产及体育无形资产相关问题的延伸，所以要从根本上认识问题并确立其概念与理论，需要借助于无形资产及体育无形资产的理论成果，特别要引用诸多新近的研究成果。下面对这些理论和成果做简要的陈述与分析，这些是后文竞技体育无形资产发展战略研究必不可少的支撑。

## 一、竞技体育无形资产的界定及其含义

竞技体育无形资产的基本概念与基本理论是一个全新的理论探索领域。竞技体育无形资产发展的研究已经被纳入我国体育产业研究范畴，所以我们必须对竞技体育无形资产的基本概念与基本理论加以探讨。

### （一）无形资产的界定及其组成要素

在阐述竞技体育无形资产的问题之前，有必要先弄清无形资产的概念及其基本组成要素和特点，因为它们之间有着必然的含属关系和内在联系，它们在性质上是相同的，基本组成要素是相同的，基本概念的阐述方法是相同的。

无形资产是当今信息社会和知识经济时代的一种重要的资源和财富，小到一个企业，大到一个国家，都必须重视无形资产资源的开发和利用，否则会造成资源和财富的浪费，会在商业竞争和国际竞争中处于被动的地位。无形资产在微观上是一个企业或组织机构融技术内涵、经济资源和法律保障为一体的资产，宏观上则是民族资源和国家实力的象征。人类社会发展到今天，经济社会的方方面面都涉及无形资产的问题，任何一个民族或企业，任何一个专业或个人都必须面对发展无形资产的课题。

关于无形资产的概念，目前国际上众说纷纭，多以指定无形资产包括的内容来说明。在我国，无形资产的界定主要包括存在形态、基本性质和作用效果等方面，侧重于从问题的实质来加以区分。一般认为：无形资产是指不具有实物形态而主要以知识形态存在的经济资源，是能够为其所有者或合法使用者提供某种权利或优势，并带来经济收益的固定资产。按照国际上通行的观点，无形资产的组成要素一般包括知识产权、专有技术（技术秘密和经营秘密）、特许经营权和商誉等内容。无形资产概念的外延广阔，尚无法下定论。无形资产拥有者要从中获得经济利益，必须明确其受法律保护的专有权或独占权，而未受法律保护的无形资产则必须采取相应的保密措施。以下围绕各项要素内容及其所包含的具体项目，就主要的，特别是与竞技体育无形资产相关的概念加以

阐述。

### 1. 知识产权

知识产权指在科学技术、文化艺术等领域，从事智力活动所创造的精神财富，在一定地域、一定时间内所享有的独占权利。知识产权具有地域性、时间性和公开性的特征。主要包括专利权、商标权、厂商名称、版权和域名等。

（1）专利权是政府专门机构根据发明人的申请依法批准的发明人或其权利受让人对其发明成果在一定限期内享有的专有权或独占权。专利权包括发明专利权、实用新型专利权和外观设计专利权。专利权人具有的权利包括实施权、转让权、许可权、标记权和放弃权。

（2）商标权是商标注册人通过申请注册所获得的对该项商标所享有的权利。商标权是一个集合的概念，它包括商标所有权和与此相联系的商标专用权、商标续展权、商标转让权、商标许可权和法律诉讼权等。其中商标专用权是商标权最主要法律特征的表现，没有商标专用权，商标权也就没有意义了。商标法的保护范围包括商品商标、服务商标、集体商标和证明商标。

（3）厂商名称（亦称“商号”）具有双层含义：一是指规范的带有“字号”的厂商名称；二是指厂商名称的核心要素——“字号”。通常厂商名称可在工商行政部门登记后取得法律的承认，在一定的区域内受法律的保护，其主体具有专有权。厂商名称的专有权包括占有权、排他权和转让权。

（4）版权（亦称“著作权”）是指法律赋予某项作品的发表权、署名权、修改权、保护作品完整权、使用权和获得报酬权等。版权主要包括文字作品、影像作品、计算机软件、图形作品和戏曲作品等。

（5）域名是一个企业或机构在因特网上的名称，是因特网上相互联系的网络地址。

### 2. 专有技术

专有技术指企业生产经营中使用的未公开的、未申请专利的知识和技巧，它包括属于技术秘密方面的技术规范、技术资料、材料配方、工艺流程、设计资料、图纸和数据等，也包括专家和技术人员等掌握的知识、技巧和诀窍；还包括属于经营秘密方面的企业经营决策、质量控制方法、特殊的营销方法、管理方法和数据、财务管理方法和数据、营销网络及客户名单等。专有技术没有专门的法律保护规定，但具有保密性，是不为公众所知的信息和资料，须严防泄露。专有技术是企业重要的无形资产，能为其所有者在同行的竞争中取得优势的地位。

### 3．特许经营权

特许经营权（亦称“特许专营权”、“特许权”或“专营权”），包括三种形式：一是由政府授予的特许经营权；二是企业或社会机构本身享有的特许经营权；三是由企业或社会机构授予的特许经营权。

（1）政府授予的特许经营权是指政府授予企业或社会机构专营某项事业或某种商品的权利。

（2）企业或社会机构本身享有的特许经营权是指企业或社会机构本身拥有的专营某项事业或某种商品的权利。

（3）由企业或社会机构授予的特许经营权是指一个企业或社会机构（特许人）依照双方签订的合同，在一定期限内授予另一个企业或社会机构（被特许人）使用其专利权、商标权、商号和专有技术等的权利。

特许经营权是专利权、商标权、商号和专有技术等其他无形资产基本要素的衍生品。目前我国已兴起这种经营方式，“冠名权”就是特许经营权的一种衍生形式，是一个企业或社团对其管辖或承办的各种事业拥有允许他人冠名的权益。这种权益可以有偿授予他人，购买者在一定的期限内可以将其字号、商标或象征性的标志等附在某些特定的载体上。

需要说明的是，以上概念及解释都是引自有关无形资产论著的原述，有诸多和竞技体育没有关联的名词和术语，但这又是对原有概念完整解释所必需的。实际上很多的工业用语和企业用语与体育用语，特别是与产业化改革之后的体育用语是相通的或者是可以替换的，也就是说以上概念可以衍生出竞技体育无形资产的相关概念，以适用于后文研究的需要。

### （二）竞技体育无形资产的界定及其含义

有关体育无形资产的概念，我国体育产业和理论研究领域还没有做出统一的、比较严格的界定，但对体育无形资产的内涵及其内在的规定性基本达成了统一的认识。体育无形资产的界定基本是根据我国现行的法律、法规和政策及无形资产的理论研究，结合体育产业开发的实际并参照相关的国际惯例，综合以上各因素可以认为：体育无形资产是指体育过程中不具有实物形态的经济资源，它依附于属于体育范畴的主体而存在，由特定主体控制和所有，是能够为其所有者和合法经营者提供某种权利或优势、带来经济收益的资产。体育无形资产主要包括竞技体育无形资产、社会体育无形资产和学校体育无形资产等几个方面，以上每一类体育无形资产的内容都是在体育行政管理、体育活动组织、体育科学技术研究和体育场地设施管理等过程中形成的。目前我们通常所说的体育无形资产，包括舆论报道和理论研究的内容，主要是指竞技体育无形资产。竞技体育无形资产是目前我国，乃至世界范围内开发项目最多、开发潜力最大和经济效益最显著的体育无形资产的开发内容。这主要是缘于竞技体育具有社会影响大和涉及面广的特点。社会体育和学校体育无形资产虽然具有较大的开发潜力，但目前其经济价值尚很难显现出来，相应的对其重视程度也很不够，目前国内外研究和开发的重点基本在竞技体育无形资产上。

由于竞技体育无形资产资源的开发利用对体育事业，乃至对整个社会和国民经济的发展都具有重要的影响，所以，有关竞技体育无形资产的理论研究是我们无法回避的，而对竞技体育无形资产概念的界定是理论研究首先要面对的。按照无形资产和体育无形资产概念的阐述做逻辑推导，即可以对竞技体育无形资产定义为：竞技体育无形资产是指竞技体育过程中不具有实物形态的经济资源，它依附于属于竞技体育范畴的主体而存在，由特定主体控制和所有，是能够为其所有者和合法经营者提供某种权利或优势、带来经济收益的资产。

以上竞技体育无形资产的概念，我们可以参考体育和竞技体育的关系把它和体育无形资产加以区分，事实上体育无形资产和竞技体育无形资产之间是两个层次，存在着明确的含属关系，只是以往任何研究和报道都没有提出此问题。而做出以上的概念界定和具体区分，不仅在理论上可以使体育无形资产问题系统化和细分化，便于我们研究分析和加深认识，而且对于体育无形资产的开发实践也具有指导和应用价值。这也是进行竞技体育无形资产发展战略研究的必要前提。

为了更充分地认识和理解竞技体育无形资产的概念，我们有必要对其内涵做进一步的分析和说明：把竞技体育无形资产从无形资产和体育无形资产中区分开的依据，是看无形资产是否具有竞技体育属性和归于竞技体育范畴，而这种属性和范畴具有一定的规定性。竞技体育是为了最大限度地发挥个人或集体的运动能力争取优异成绩而进行的运动训练和竞赛。这一概念规定了竞技体育的属性，为我们判断和辨别竞技体育无形资产提供了必要的条件，但竞技体育的范畴和学校体育与社会体育之间有着一定的联系和渗透关系，竞技体育无形资产的划分归类也同样存在如何做到细致合理的问题。具体判断无形资产是否属于竞技体育范畴，应当把围绕职业或专业竞技运动进行的各种行政业务管理机构的活动、训练和竞赛的组织，科学技术的研究及场馆器材的管理等过程中的无形资产列为竞技体育无形资产，以此来确定竞技体育无形资产的基本范畴，并和学校体育无形资产与社会体育无形资产加以区分。但现实中仍存在界限含糊的问题，如高等院校的高水平运动队的竞技训练和比赛过程的无形资产应属于学校体育无形资产还是竞技体育无形资产，这需要根据具体情况做具体的区分和处理。

竞技体育无形资产的概念整体上具有三层含义：首先，在存在形态上它是“竞技体育过程中不具有实物形态的经济资源”，指出了竞技体育无形资产具有和一般无形资产相同的非实物形态的基本特性，而且是存在于竞技体育过程中的，同时还指出它是一种经济资源，而凡是经济资源都具有可开发的商业属性和潜在的经济价值；其次，在基本性质上它是“依附于属于竞技体育范畴的主体而存在，由特定主体控制和所有”，指出了其他无形资产所不具有的竞技体育属性和特征，而且竞技体育无形资产依附于特定的主体，这个主体即是与竞技体育相关的组织机构或个人，离开这一特定主体的控制即失去了竞技体育属性，也脱离了竞技体育的范畴，从而进一步指出了这种非实物形态的经济资源应归属于竞技体育；最后，在作用效果上它是“能够为其所有者和合法经营者提供某种权利或优势、带来经济收益的资产”，指出了竞技体育无形资产和一般无形资产所共有的功能和效用，即凡是竞技体育无形资产的所有者和合法经营者都拥有一种特殊的权利和优势，能够有效地利用这些权利和优势开发其潜在的经济资源，就可以使竞技体育无形资产在市场上成为畅销和高价的商品，并给其所有者和经营者带来经济收益。

## 二、竞技体育无形资产的属性和内容

研究竞技体育无形资产的发展问题，要在形成基本概念的前提下了解其基本属性和内容，这是加深对竞技体育无形资产认识的需要，也是形成具体竞技体育无形资产开发思路及做好发展战略整体布局所必须清晰认识的问题。

### （一）竞技体育无形资产的属性

竞技体育无形资产的属性问题是认识其本质并对其加以界定的重要问题，通常认为是人们已经熟知的认识或常识，但实际的体育产业开发之中会存在对竞技体育无形资产判断的混淆，所以这里需要对竞技体育无形资产是劳动者劳动成果和具有商品属性的问题做专门的阐述与分析。

#### 1. 竞技体育无形资产是劳动者的劳动成果

竞技体育无形资产中的专利权、版权和专有技术等是以文字、数据和图纸等形式存在的，是其所有者或创造者用脑力劳动来完成的，是以知识形态表现的，它们同其他科学技术人员和企业管理人员的劳动具有相同的性质，无疑是劳动者通过劳动而获得的劳动成果。各种吉祥物、会标、会徽等的设计都包含着一定成分设计者的劳动和智慧，当然，这些也包含其他的劳动和资源的成分。赛事举办权、特许经营权、体育组织名称及标志专有权和经营权、体育明星的广告权和代理权等，之所以具有很高的商业价值和巨大的经济价值，并不是凭空而来，最终归结于其中凝结着众多人的劳动。任何一种体育组织，临时的赛会组织也好，长久性的组织机构也好，从筹备、创建到运作、发展，从组织策划到管理经营，无不包含着领导者和众多工作人员的辛苦劳动和汗水，其拥有的举办权、名称及各种标志都包含着大量复杂的劳动成分。而各种冠杯、冠名更是竞技体育比赛“更快、更高、更强”精神的凝结，是无数运动员通过艰苦的训练获得高超的竞技能力，使比赛激烈精彩，奖杯即代表强中之强，是一种无上的荣誉，而市场经济时代，这种荣誉即象征着实力，自然有着巨大的商业价值，奖杯是运动员艰苦劳动的结晶。

### 2. 竞技体育无形资产具有商品的属性

竞技体育无形资产和其他一切商品一样具有使用价值和价值两种属性，是用来交换的劳动产品，这一点是显而易见的。在当今社会主义市场经济的环境下，竞技体育无形资产是体育事业发展不可缺少的经济资源，也是社会资源的重要组成部分。对体育事业而言，各种竞技体育无形资产经济价值的实现是体育事业重要的经济支柱，而很多竞技体育的专有技术是各级各类组织机构正常运作的保证；对整个市场运作而言，企业要提高知名度和创造商品名牌，其重要的手段之一就是以各种形式和名目来参与和赞助竞技体育事业，以使其企业能在商品的生产和经营过程中居于有利位置，这就是竞技体育无形资产的使用价值。而各种赞助活动都是通过对竞技体育过程中无形资产的买和卖来实现的，各种名目的竞技体育无形资产的买卖过程也就是其价值实现的过程。

## （二）竞技体育无形资产的内容

竞技体育本身有着丰富和广泛的内涵，从它的自身系统组成上看，体现出项目种类的多样性，而且各类单项和综合性的比赛名目繁多；从它存在的时空特点来看，竞技体育无时不有、无处不在。由于竞技体育具有群众接受度高、涉及面广、影响力大的特点，使竞技体育成为重要的传播媒介和信息载体。相应地，竞技体育无形资产也有着丰富的内容，而且有着巨大的商业价值和经济价值。以下阐述竞技体育无形资产内容的列序，是综合考虑竞技体育过程无形资产的主体存在形式、类别划分方法、经营规模和经济效益，并借鉴有关体育无形资产内容的阐述方法。

**1．各类竞技体育赛事活动的举办权及其各项无形资产的特许经营权和使用权**

赛事举办权其实就是一种特许经营权，如奥运会的举办权是由国际奥委会授予某个国家的某个城市的特许经营权，我国的全运会举办权是政府授予某个城市的特许经营权，我国足球职业联赛的举办权是中国足协本身享有的特许经营权。应当说，各级各类竞技体育赛事的举办权从赛事系统看是第一层次的特许经营权，一个城市或机构在拥有一项赛事举办权的同时，也就拥有了诸多无形资产项目的特许经营权，这是赛事系统第二层次的特许经营权。特许使用权是第三层次的特许经营权或者说是特许经营权的一个内容。

竞技体育赛事举办权之下的各项无形资产的特许经营权及使用权包括冠名权、冠杯权、广告发布权、电视转播权，以及竞赛活动的名称、会徽、吉祥物等标志的特许使用权等，这些特许经营权实质就是举办单位所拥有的知识产权或产权。

竞技体育赛事的种类包括不同级别的综合性运动会，如奥运会、亚运会和东南亚运动会等，国内举办的全运会、青运会、省运会、大运会及各系统的运动会等；还包括各级各类的单项竞赛，以足球项目为例，如世界杯赛、亚洲杯赛和亚洲俱乐部杯赛等，国内的中超联赛、中甲联赛、足协杯赛、青年联赛等。因体育赛事的水平、类别和规模不同，其社会影响和商业效用也大相径庭，相应的体育赛事的各项无形资产的市场需求、利用率和经济价值等会有很大的差异。例如，奥运会是影响最大的综合性运动会，其无形资产市场也最具吸引力，开发和利用率最高，各项无形资产的价格也最高，开发的潜力也最大。除上述无形资产内容之外，奥运会每一个组织环节、每一个竞赛项目、每一个代表队、每一个运动员都包含着丰富的可以开发利用的无形资产资源。在各项无形资产的开发利用方面，也存在进一步开发的可能，如冠名权可能有独家冠名和联合冠名，电视转播权可以同时出售给几家电视台，有广告发布权的广告包括场地牌广告、门票广告、秩序册广告等诸多内容，赛会的名称、会徽、吉祥物等标志的特许使用权可以卖给生产服装、纪念品和运动器材等的不同厂商。具体的名目还可以细分更多，如宣传口号、记分牌都可以作为开发的项目，甚至连足球比赛换人和伤停补时用的显示牌都可以作为载体用以广告宣传。

**2. 各类竞技体育组织机构、企业和团体的名称与标志的专有权、特许经营权和使用权**

竞技体育组织机构、企业和团体的名称与标志其实就是厂商名称和字号，也是一种知识产权。所以其主体拥有受法律保护的专有权。同时，主体自身享有对此种无形资产的特许经营权和使用权，也可以将这种特许经营权授予其他社会机构或企业。

竞技体育组织机构包括国际奥委会、中国奥委会、各级体育局的竞赛机构、各单项运动协会及其他体育社团组织等；竞技体育企业主要是指竞技体育俱乐部；竞技体育团体包括竞技体育代表团和运动队等。竞技体育组织机构、企业和团体的名称与标志的特许经营权和使用权，在现今市场经济和知识经济的条件下具有重要的商业价值，如“中国奥委会”的文字和商用标志、俱乐部的名称和专有标志、各运动队的名称和队徽等无形资产，均可被企业或商家使用而创造利润、产生经济效益，而且目前已经越来越多地被企业所使用。

**3. 有关竞技体育的专利权、版权**

竞技体育的专利权、版权和一般无形资产一样，都是知识产权的内容，其主体拥有受法律保护的专有权或独占权。

竞技体育无形资产的专利权主要体现在运动器材方面，包括运动器材的发明专利权、外观设计专利权和实用新型专利权等，主体拥有对专利的实施权、转让权、许可权、标记权和放弃权；版权主要包括竞技体育方面的论著、音像制品和计算机软件等的发表权、署名权、修改权、保护作品完整权、使用权和获得报酬权。

#### 4. 竞技体育专有技术的发明权、使用权、转让权及有关科技成果权

竞技体育专有技术的技术秘密和经营秘密，一般属于非法律保护的无形资产，是竞技体育无形资产的重要内容。竞技体育过程的管理者和执行者对其业务范围内的事务，用文字或数据总结和归纳出行之有效的处理方法，也是一种发明创造，管理者和执行者拥有这种发明创造的权力，当然对其创造的成果拥有使用权和转让权，但这些权力还缺乏相应的法律保护。

竞技体育专有技术具有十分丰富的内容，其中技术秘密包括教练员行之有效的训练方法、技术动作的编排方案、运动队的管理秘诀和运动员竞技状态的控制手段等，经营秘密包括大型运动会的组织策划方案、竞技体育俱乐部的经营管理方案和俱乐部发展战略规划等。竞技体育的科技成果权是指经过科研活动取得的有关竞技体育某一方面的成果，但没有转化为受法律保护的知识产权。

竞技体育专有技术是非常重要的无形资产，组织大型赛会、俱乐部的经营运作及运动队的训练和管理等都是依靠相关的专有技术在支撑和控制。不同的竞技体育组织、部门和个人，在长期的实践过程中所获得的各种专有技术，是维持其正常经营运作的有力武器和重要资源，出色的竞技体育企业和运动队的经营管理者需要不断创造和发明新的、切实有效的专有技术。

#### 5. 竞技体育名人的广告权和代理权

竞技体育名人的广告权和代理权是竞技体育无形资产的一种特例，竞技体育名人的声誉和形象有着极高的商业价值，是一种重要的经济资源和产权内容，这种产权国际上通常是归体育名人个人所有，我国也正在逐步与国际接轨。

竞技体育往往更具代表性和影响力的是能够在训练和大型比赛中表现出高超指挥艺术的教练和具有个性技术风范的体育明星，竞技体育明星被公认为现代社会的稀缺人才，其特殊的身份和社会影响蕴藏着巨大的无形价值，他们日

常生活和训练比赛过程的肖像和言行用于商业宣传具有很好的广告效用，能使产品产生超额的利润。广告的种类包括电视广告、招贴广告、报刊广告和宣传广告等。国际上很多体育明星每年拍广告的收入远远超过其工资的收入，我国很多优秀的运动员都有很高的广告收入。

**6．竞技体育场馆和设备的租赁权**

竞技体育场馆和设备的租赁权属于土地使用权的范畴，不是严格意义上的无形资产，但竞技体育场馆和设备之所以具有较高的租赁价格，与竞技体育的作用和影响有很大关系，也属于竞技体育无形资产的成分，所以应当是竞技体育无形资产开发的内容之一。

**7．竞技体育彩票的发行权、专营权和销售权**

竞技体育彩票的发行权、专营权和销售权是一种特殊的竞技体育无形资产，直接由国家的行政管理部门控制，有专门的政策、法规和管理条例，专门的组织机构和管理办法，本书对此不做深入研究。

**8．法律法规规定的或国际惯例承认的其他竞技体育无形资产，以及体育行政部门认定的竞技体育类的促销获利因素**

以上罗列的各项竞技体育无形资产内容相互之间有一定的渗透和交叉的关系，不是理论意义上的分类，在实践中还需要根据具体情况做具体的分类归纳。

## 三、竞技体育无形资产的分类与特点

竞技体育无形资产发展战略研究需要把诸多无形资产内容做分门别类地处理，也需要了解各类竞技体育无形资产的共同特点和个性特点。

### （一）竞技体育无形资产的分类

从不同的角度和需要划分竞技体育无形资产，对理论研究和实践开发都具有重要的意义。在理论上，可以使其更具系统性和条理性，利于从不同的角度和层面更全面、深刻地揭示竞技体育无形资产的实质、内容及各方面理论问题；在实践上，利于实际商业开发的操作，使竞技体育无形资产的开发系统化、程序化，达到拓展交易领域、提高交易成功率的目的。竞技体育无形资产可以按照不同的标准和方法进行不同的类别划分，以下介绍几种主要的竞技体育无形资产的分类方法。

（1）按照竞技体育无形资产是否受法律保护划分，可分为法定无形资产和非法定无形资产两种。法定无形资产是指有专门法律保护的各种竞技体育无形资产，如在我国境内举办的重大体育竞赛的名称、徽记、旗帜和吉祥物等标志性的无形资产受到体育法的保护，有关竞技体育的专著、音像制品、专利发明和计算机软件等受专利法的保护。非法定无形资产是指没有专门法律保护的各种竞技体育无形资产，如属于竞技体育专有技术的技术秘密和经营秘密就得不到法律的保护。

（2）按照竞技体育无形资产价值形成过程的决定因素划分，可分为知识型无形资产和权力型无形资产。知识型无形资产是指以高度密集的知识、智力、技术和技巧为主要决定因素的竞技体育无形资产，如竞技体育的专利技术和专有技术等。权力型无形资产是指以各种特许经营权为主要决定因素的竞技体育无形资产，如竞技体育赛事活动的举办权及其各项无形资产的特许经营权、竞技体育组织或团体的名称和标志的特许使用权、竞技体育彩票的发行权和销售权等。还有建立在对有形资产的所有权之上的权力，这就是竞技体育场馆设施的租赁权。知识型无形资产大多是具有法律保障的专有权，权力型无形资产大多是行政或业务权力赋予的特许经营权，两者各自受不同的法律保护。

（3）按照竞技体育无形资产是否有期限划分，可分为有期限无形资产和无期限无形资产两种。有期限无形资产是指有明确法定期限的无形资产，如竞技体育比赛的冠名权、冠杯权，以及名称和吉祥物、会徽等标志的特许使用权，竞技体育场馆、设施的租赁权等；无期限无形资产是指没有明确法律规定期限或虽有法律规定期限却可以无限续展的无形资产，如竞技体育组织或团体的名称、标志的专有权，再如竞技体育专有技术，只要所有者不泄露其秘密，则可以永远拥有优势。

（4）按照竞技体育无形资产的内在形态和外在形式划分，可分为技术型无形资产和非技术型无形资产。技术型无形资产是指含有较多专业知识和技术成分的无形资产，如竞技体育的专利技术和专有技术等；非技术型无形资产是指不含有专业知识和技术成分的无形资产，如体育竞赛活动的举办权、冠名权、冠杯权、电视转播权、竞技体育组织或团体的名称与标志的特许使用权等。

（5）按照竞技体育无形资产的权益划分，可分为所有权无形资产、持有权无形资产和使用权无形资产三种。所有权无形资产是指无形资产经营的单位或个人拥有所有权的无形资产，如单项运动协会和俱乐部对自己的名称和各种标志拥有的所有权、运动器材发明的专利权和专著的版权等；持有权无形资产是指国家拥有所有权，无形资产经营者拥有持有权的无形资产，如全民所有制单位的专利权；使用权无形资产是指经营者拥有使用权的无形资产，如经营者取得竞技体育团体名称和单项协会组织名称的使用权等。

除了以上分类方法之外，还可以按照竞技体育的项目特点从不同竞技项群、项目对竞技体育无形资产进行更细致的划分；按照竞技体育过程不同的业务范畴所产生的无形资产，划分为竞技体育行政管理过程的无形资产、训练和竞技活动组织过程的无形资产、科学技术研究过程的无形资产、场地设施管理过程的无形资产；更可以按照体育市场对竞技体育无形资产的需求程度，划分为热销无形资产、平销无形资产和淡销无形资产等。进行竞技体育无形资产分类是出于实际开发过程的管理运作和研究分析的需要，分类方法根据不同的需要而定，在很多具体的开发和研究工作中，合理细致的分类可以大大提高工作效率，达到整体优化的目的。

### （二）竞技体育无形资产的特点

了解竞技体育无形资产的特点对于开发和利用竞技体育无形资产具有重要的指导作用，现实的体育产业开发总是造成竞技体育无形资产的浪费，很大程度上是因为没有充分认识竞技体育无形资产的特点。竞技体育无形资产除具有一般无形资产所具有的所有特征之外，还具有以下几方面的典型特点。

**1．权力型无形资产构成其价值的主体**

竞技体育无形资产整体上是以权力型为主体，这是因为绝大部分竞技体育无形资产的价值形成是缘于法律或政府赋予的各种权力。例如，竞技体育赛事的举办权及其各项无形资产的特许经营权是法律或政府赋予，竞技体育组织机构和团体名称、标志的专有权和特许经营权是法律赋予，竞技体育彩票的发行权和销售权在我国是由行政权力赋予，部分国家由法律赋予。尽管竞技体育无形资产也有知识型的内容和成分，但整体上其所占有的价值比例很小。竞技体育无形资产以权力型为主体的特点，要求我们做好立法工作。相关法律制度的建立和完善是搞活和规范竞技体育无形资产开发工作的基础和前提条件。

**2．对相应的体育行政部门有较大的依赖性**

竞技体育无形资产是以权力型为主体，这决定了竞技体育无形资产的形成和开发过程对行政和业务管理部门有较大的依赖性，因为与竞赛有关的各类无形资产实际上是受控于体育行政部门，特别在以“办体育”为主的体制下，体育行政部门对竞技体育无形资产的管理和开发拥有决定权。我国的体制改革尚未完全到位，仍然处在新旧运行机制并存的状态，使得竞技体育无形资产的开发和利用存在“管办不分”的问题，即使实现了“行”“事”分开，竞技体育无形资产的管理与开发仍然会较大程度上依赖体育行政部门，这是由竞技体育无形资产以权力型为主体这一特点决定的。明确这一点，对科学确立我国竞技体育无形资产发展的模式有启示作用，也决定了我国竞技体育无形资产的发展应当走政府主导型的道路，尤其是在转型期，强化体育行政部门对竞技体育无形资产发展的管理职能，包括在必要时通过政府行为促进和保护竞技体育无形资产的商业开发都是十分必要的。

**3．以主体的事业业绩和成效为价值量大小的砝码**

竞技体育赛事的各类无形资产，体育组织机构和团体的名称、标志的专有权和使用权，以及体育名人的广告权和代理权等，这些无形资产是否具有商业价值以及具有多大的商业价值，从根本上取决于竞技体育职能机构团体或个人业务活动的业绩与成效。一般来说，一个团体或个人业务活动的业务成效越大，他拥有的无形资产的价值总量、市场开发潜力及交易的成功率也会越大。明确这一点，对于各相关职能机构、团体和个人确立正确的竞技体育无形资产开发的思想，找准自己的市场定位都具有重要意义。

**4．对竞赛活动有依赖性和相关性**

竞技体育的核心和目标是在高水平的竞赛中取得优异的成绩，竞技体育的诸多特点是通过竞赛体现的，竞赛活动是竞技体育全过程的内核和实质部分。竞技体育无形资产对于竞赛活动有着依赖性和相关性，其中有相当一部分直接依赖于体育竞赛，如冠名权、冠杯权、电视转播权，以及会徽、吉祥物等标志的特许使用权等。其他的即使不直接依赖于体育竞赛活动，也在不同程度上与竞赛有着某种程度的关联，如体育组织机构、团体的名称与标志的特许使用权，专有技术的特许使用权，竞技体育场馆设施的租赁权，以及体育行政部门认定的竞技体育类促销获利因素等，都与竞赛活动有着不同程度的关联。竞技体育无形资产这一特征给了我们一个重要的启示：竞技体育无形资产的开发需要以事业为本，以竞赛为突破口，从某种意义上讲，抓住了竞赛，也就抓住了竞技体育无形资产商业开发的市场。

**5．时效性强**

由于竞技体育无形资产对竞赛活动的依赖性和高度的相关性，衍生出其时效性强的特征。竞技体育赛事活动都有一定的时间限制，所以，有关赛事活动的举办权、冠名权、冠杯权、电视转播权及各类标志的特许使用权一般都有特定的时限，超过一定时限，其商业价值即使不为零也微乎其微；体育组织和团体的名称、标志的特许使用权，专有技术的特许使用权，体育彩票的发行权和经销权，场馆设施的租赁权等一般都有合同规定的使用期限，而且都与竞赛活动的时效性有直接的关系。竞技体育无形资产这一特点，要求其开发机构和部门必须抓住各项无形资产的开发机会，充分做好交易前的各项准备工作，力争尽早上市、尽快成交，最大限度地实现竞技体育无形资产的市场价值。

#### 6. 交易价格具有不确定性

竞技体育无形资产的潜在价值或者说理论价值可能很大，但是上市后的实际交易价格能否反映它的理论价值，则有较大的不确定性。这是因为竞技体育无形资产的市场交易受诸多因素影响，而且每一种因素都可能左右其交易价格。具体的交易过程不仅受项目水平、项目普及程度和项目商业价值等因素影响，而且受体制和政策等因素的影响，另外，中介组织的数量和素质、大众媒介的关注和参与程度、购买企业的形象定位及国际国内的经济环境状况等都和交易价格密切相关。由此可见，竞技体育无形资产的交易价格容易受到不确定因素的影响，难以把握其预期的价格。因此，竞技体育无形资产开发部门要降低交易风险，并尽可能实现其市场价值，就要选择实力强、声誉好的中介组织作为自己无形资产开发的商务代理。

## 第二节　发展战略的基本概念与基本理论

我国有关发展战略问题的研究和论著很多，对于发展战略的概念及其含义也有多种不同的解释，一般认为发展战略是战略和发展两个概念的复合概念。所以发展战略这一概念具有一定的复杂性，特别是要清晰地阐述和分析发展战略的概念和理论构成，还需要从战略和发展各自的概念与内涵及两者关系开始阐述。

### 一、发展战略的概念及其含义

“战略”原本只是一个军事上的概念，随着历史的发展，时代不断赋予它新的内涵，战略的概念也逐渐渗透到政治、经济及其他社会生活的各个领域。现在国内外对“战略”一词有多种解释，我国1989年版《辞海》对此词的定义是：泛指重大的、带有全局性的或决定全局的谋划。毛泽东在《中国革命战争的战略问题》一文中指出："战略问题是研究战争全局的规律的东西。""研究带全局性的战争指导规律，是战略学的任务。"美国哈佛大学商学院教授安德鲁斯认为：战略是要通过一种模式，把战略主体的目的、方针政策和活动有机地结合起来，使战略主体形成自己的特殊战略属性和竞争优势，将不确定的环境具体化，以便较容易地着手解决这些问题。美国达特茅斯学院管理学教授魁因认为：战略是一种模式或计划，它将一个组织的主要目的、政策与活动按照一定的顺序结合成一个紧密的整体。有关对战略概念的解释颇多，本文把战略定义为：战略是一个组织为实现特定的目标，根据内外环境状况而制定的带有全局性的谋划。战略与规划、计划既有联系又有区别。战略比规划和计划控制的空间范围更广、涉及面更大、时间跨度更久远，战略在一定的历史时期内有相对的稳定性，是以竞争取胜为出发点，战略具有高度的概括性、原则性和纲领意义。所以，战略是规划和计划的灵魂，规划和计划必须体现既定的战略，战略是规划的基础，规划又是计划的基础，应当是先有战略，后有规划，再有计划。规划和计划是战略的继续、深入和细化。相对而言，规划和计划是局部的、短时间的，具有较大的灵活性和可变性，定性和定量成分并重或以定量成分为主，相应的也多是对内的部署，缺乏对外的竞争性。

"发展"是一个日常生活中的常用词，但同时又是一个哲学和经济学的概念。哲学意义上的发展是指事物由小到大、由简到繁、由低级到高级、由量到质、由旧质到新质的运动变化过程。发展包括自然界的发展、人本身的发展和人类社会的发展。在人类社会的发展中又有政治、经济和文化等多方面的发展。关于经济学意义上的发展，赫希曼认为：发展是指从某一经济形态到更进步经济形态的变动过程。这是从宏观经济技术质的飞跃的角度来界定发展的内涵的。他还指出：发展是一种不平衡的连锁演变过程。这是从经济发展的轨迹，或者说经济发展的规律的角度来界定发展的内涵的。除此之外，经济学意义上的发展还具有多种或多层的含义，也和社会的环境、人口和经济增长等多种因素有关。由各国学者组成的世界环境与发展委员会所提出的报告《我们共同的未来》中称：发展就是经济和社会循序渐进的变革。这一定义说明发展不仅是量的增长，而且是前进中的变革，是质的飞跃。这里我们理解的发展应当是经济学意义上的发展，不能认为只是事物量的意义上的增长，而是带有本质性的飞跃。

“发展战略”一词，从语法意义上看是一个歧义性词组，既可以理解为是偏正词组，也可以理解为是动宾词组，一般发展战略学意义上的含义符合前者，即中心词在后，意思是关于发展的战略。

传统意义上的发展战略是指一个国家为了使原来低下的生产力和落后的经济、社会状态逐步转变为生产力较为发达，经济、社会状态较为先进所采取的总的方针政策。这里所说的经济、社会状态，既包括经济因素，也包括经济以外的社会政治、社会文化等其他方面的因素，它不仅有数量的问题，而且有质量、结构方面的问题。这个定义明确了所谓发展战略就是关于发展的战略。发展就是一个国家使原来低下的生产力和落后的经济、社会状态逐步转变为生产力较为发达，经济、社会状态较为先进的过程。为了顺利实现上述转变而对这个过程所采取的总的方针政策就是发展战略。上述定义侧重揭示了“发展战略”一词中“发展”的含义。经济发展战略是指国民经济发展在较长时间带有全局性和决定意义的方针政策，即规定一定时期的基本目标、主攻方向、力量部署，区分缓急先后，调动各种因素，协调纵横关系，互相配合，共同战斗。不是指一时的、局部的、事务性的具体问题，这个定义虽然是专就“经济发展战略”而言，表达的思想却揭示了一般“发展战略”共有的内涵，其侧重表达的是“发展战略”一词中“战略”的含义，突出强调了“发展战略”的全局性特征。

上述定义都把“发展战略”当成国家使用的专有概念，其实，一个地区、一种产业，甚至一个企业都可以且应当有自己的发展战略。上述定义还把“发展”的基础定为“原来低下的生产力和落后的经济、社会状态”，好像“转变为生产力较为发达，经济、社会状态较为先进”以后就不需要发展战略了。其实，“落后”与“先进”只是一个相对的概念，而“发展”是一个永无止境的运动过程。基于以上的理解和分析，本文做出如下定义：发展战略是指一个主体，包括一个国家、一个地区、一个产业或一个企业对其发展过程，即从相对落后的技术、经济、社会状态转变为相对先进的技术、经济、社会状态的过程所做的全局性的运筹和谋划。

通过以上对发展战略概念的分析与综合，我们认识到发展战略与日常的经济、社会活动中的一些具体的政策、计划和行动措施相比，具有自己的特点和更深一层的含义：第一，它具有全局性，应当是对发展过程所包含的方方面面，而不只是其中某一个或某些方面的统筹和谋划。全局性是发展战略最根本的特征，舍此就不能称为战略。第二，它具有长期性，应当是对发展过程中很长一段时期，而不是一年或几个月的短时期的运筹和谋划。第三，它具有系统性，应当把所涉及的各方面的方针、政策联结成一个有机的体系，明确它们之间的区别与联系并使之层次化，分清主次轻重，而不是把它们毫无联系地、简单地罗列在一起。第四，它具有相对稳定性，虽然可以根据情况的变化对它进行必要的修正和调整，但在一般情况下应坚持不做根本性的变动，使它能够获得较持续的贯彻和执行，这就要求在制定发展战略的时候，要把可能影响其稳定性的种种情况变化尽可能考虑周全。第五，它具有阶段性，应当明确发展过程在各阶段的特点和主要任务，体现各个阶段的起承关系。

## 二、发展战略的主体与构成要素

发展战略的主体与构成要素是任何发展战略制定时都需要明确的问题，主体不清楚会直接造成事业发展缺乏主要依托；构成要素含混则必然会造成发展思路的清晰度降低。这样的问题看似容易懂，但实际的事业发展及具体工作中往往存在诸如此类的问题。因此，我们需要在基本概念及对问题的理解上加以强化和统一。

### （一）发展战略主体

战略主体是指战略制定的主体和战略服务的对象，是回答谁来制定战略和为谁制定战略的问题。它不是指具体研制战略方案的人员和机构，通常是具有一定谋划、决策和管理能力的战略的实体或组织。国家、地区、部门、系统、企业等都可以作为发展战略的主体，例如，某一个企业的发展战略，战略的主体就是这个企业；一个战略如果是全国的整体战略，那么战略主体就是这个国家。由于战略主体的种类很多，各种主体所制定的发展战略也各不相同，一般包括总体战略、部门战略、区域战略、组织战略、要素战略及各种专项战略。不同类型的发展战略其涵盖面极不相同，根据发展战略涵盖面的不同可从规模上分为宏观战略、中观战略和微观战略。这种划分具有一定的相对性，从一国的范围或一省的范围或一个部门的范围来说，也都有宏观、中观和微观战略之分。本研究的发展战略是既介于专项战略和组织战略之间，又介于体育和经济之间的边缘发展战略，是涉及全国整体发展的宏观战略。

### （二）发展战略的构成要素

战略要素包括战略指导思想、战略目标、战略重点、战略阶段和战略对策五项，战略要素是指发展战略必须具备的基本内涵。在诸项战略要素中，战略指导思想是整个战略决策的灵魂，战略目标是核心，战略对策是实现战略目标的手段，战略重点和战略阶段也是战略对策，是实现战略目标的手段，因其具有独立的意义，所以同战略对策等并列为战略要素。

#### 1．战略指导思想

战略指导思想（也称“战略方针”）是一个战略的总纲，也就是事业发展的基本出发点和基本准则。它是确定战略目标、战略重点、战略阶段和战略对策的依据，所以，发展战略的首要任务是谋划和确定战略指导思想，战略指导思想科学与否体现了主体的战略决策水平高低。战略指导思想不是一般政治和哲学意义上的基本原则和一般要求，也不是经济社会活动的最基本的准则，而是特定的发展战略本身所具有的特定的指导思想，它是某一特定的战略主体在一定时期内谋求发展的战略构想的最集中概括。战略指导思想的形成和确定，不仅要考察现实，而且要考察历史，更要预测未来；不仅要考察内部因素，而且要考察外部因素。所以确定战略指导思想是一个科学研究的过程。一个正确的战略指导思想的形成，需要总结过去，对以往的成败得失有一个反馈的过程，还需要观察国际国内的现状，对自身发展的有利和不利条件有一个自查的过程；再通过对未来的经济社会发展进行科学的预测，经过一个与相关战略主体的比较和互补的过程，总结概括出决定和制约战略主体发展的主要矛盾和影响因素，从而达到认识的升华，更好地进行战略定位。

**2．战略目标**

战略目标是战略主体在一个较长时期内谋求发展的全局性奋斗目标，是未来发展预期达到的总要求和总水平，也是一定战略时期内的总任务。战略目标决定战略重点、战略阶段和战略对策，没有战略目标，也就无所谓战略重点、战略阶段和战略对策。所以战略目标是一个战略的核心。无论确定哪一种类型的战略目标，都应当考虑以下几项原则：第一，要达到先进性与可行性的统一。制定战略就是要改变现实，因而战略目标必须是超现实的，这就是战略目标必须具有先进性。但只强调战略目标的先进性是不全面的，因为先进性必须由可行性来制约，否则就可能脱离实际的空想。把战略目标的先进性和可行性统一起来，也就是把需要和可能统一起来。第二，要多元的，合乎实际的全面协调。战略目标的确定要具有整体性和综合性，指标不能过于单一，指标既包括数量和产值方面的目标，也有质量的要求和标准；既要有一定的定性上的要求，还必须有量化上的要求，把定性和定量的要求结合起来，而不能单纯片面地追求某一方面的指标，要采用多元的、合乎实际的全面协调发展的战略目标。第三，使本战略期和下一战略期的发展目标相衔接。任何事物的发展都有连续性和前后的关联性，为了保证一项事业的持续和稳定的发展，要求发展时间上保持协调，而各个战略期的发展目标有机地衔接，便于在发展规模和发展速度上实现平稳增长。第四，使本战略主体的发展目标和上一层次及相关的战略主体的发展目标相衔接。一个战略主体的战略目标应当服从和服务于上一层次的总体战略，并要求下一层次的战略目标同自己相衔接，同时还应使本战略主体的发展目标和相关区域或部门的战略目标相协调。坚持这一原则，能有效避免目标之间的相互脱节和冲突。

### 3. 战略重点

战略重点是指在一项事业的发展过程中对于实现战略目标具有关键意义而又有发展优势，或发展比较薄弱需要特别加强的那些部门、组织、环境或区域。战略重点是投入的重点，也是人力、物力和财力等资源配给比较集中的方面，战略重点还是决策机关对事业发展实行战略指导的重点。一项事业的发展之所以要有重点，是因为任何事物的发展本身总是不平衡的，有相对发达和薄弱之分，它们在事业发展过程中的地位和作用是不同的，因此为了实现特定的战略目标，必须保证重点，而不能搞一刀切。在选择和确定战略重点的时候，应注意以下几方面：首先，把握好战略重点对实现战略目标具有关键性的意义。一项事业的发展过程由很多不同的环节和部门的相互联系和相互作用而构成，但对战略目标的实现起关键和决定性作用的只是某个或某几个部门或环节，这是我们首先要把握好的。其次，战略重点应当是一项事业发展中具有优势或比较薄弱的部门、组织、环节或区域。一个具有优势的部门、组织、环节或区域在事业发展中具有支柱作用，将之作为重点来发展，可以更快地实现战略目标，而比较薄弱的部门、组织、环节或区域是事业发展过程中的弱点，如能作为重点突出加以发展，就可以排除实现战略目标过程中的障碍。最后，战略重点应当能够发挥起搏作用。也就是说，作为战略重点的系统和部门应具有较强的前后联系效应，它应当具有较强的极化效应。具体讲就是作为战略重点的部门的发展可以带动一系列相关部门的振兴。

### 4. 战略阶段

战略阶段是指在一个战略期中，由于各个时期战略任务的不同所划分的不同阶段。正确地划分战略阶段是为了有步骤地实现战略目标，所以战略阶段也称为战略步骤。划分战略阶段是一种实现战略目标的对策，且它比具体的对策具有更重要的意义，所以成为一个独立的战略要素。战略阶段划分的前提是要确定战略期。战略期是一个战略方案中为实现一定的战略目标所需要的期限，是指一个战略的全过程；同时它又是一个预计期限，和实现战略目标所需要的时间不可能完全相同。一个战略期不能少于5年，5年以下是可以做出比较具体的计划的期限。任何事物的发展必然呈现出阶段性，每个阶段都要根据当时的条件确定阶段性的战略任务。而要实现大的经过长期努力才能实现的战略目标，必然要经过准备、发展和最终实现这样一个发展过程，这过程的每个阶段都有根据当时条件确定的阶段性的战略任务，通过完成一个又一个的阶段性的战略任务，就可以达到整个战略期的总目标。这就是划分战略阶段的必要性所在。

**5．战略对策**

战略对策是指为实现战略指导思想和战略目标而采取的重要措施和手段。在一个战略决策体系中，战略对策是最生动的部分，也是战略研究中十分重要的部分，因为一个战略指导思想和战略目标的实现，主要取决于有没有一系列科学而有效的对策。前文说过，战略重点和战略阶段也是战略对策的内容，但它们已经各自独立成与战略对策并列的要素，所以此处所讲的战略对策不包括此两项内容。战略对策相对于战略本身来说是一种策略，策略也就是计策和谋略。战略与策略的关系反映出与局部、长远利益与当前利益之间的辩证关系，它们既有区别，又是一致的。对于一项事业的发展来讲，战略的目的是取得长远的全局的发展，策略的目的则是取得一时的局部的发展。策略是战略决策体系中的一部分，它以战略指导思想为依据，并为实现战略目标服务，而战略任务又必须通过策略来一步一步完成。战略在一定时期内具有相当的稳定性，在实现规定的主要目标之前是基本不改变的，而策略则具有较大的可变性。战略和策略具有相对性，一定范围内的战略任务，在另一范围内就可以是策略任务，反之亦然。而在同一范围内的战略与策略之间的区别又是确定的。

## 三、竞技体育无形资产发展战略的概念及其特点

竞技体育无形资产发展战略是一个专业化较强的、较低层次的发展战略。它除具备一般发展战略所共有的基本特征和普遍内涵之外，还具有其本身所特

有的内容。在制定和实施竞技体育无形资产发展战略的时候必须考虑这些因素和特点，否则就容易沉溺于条条框框。前文已经对竞技体育无形资产和发展战略的基本概念与基本理论做了界定、说明和分析，已经对两个概念的实质和内涵有了认识和理解，以下根据这些认识和理解来进一步说明和分析竞技体育无形资产发展战略的概念及其特点。

竞技体育无形资产发展战略是指拥有竞技体育无形资产资源的主体，在从相对落后的状态向先进的状态转变的过程中所做的用于竞技体育无形资产发展的全局性的运筹与谋划。这一概念是把发展战略概念的基本内涵结合运用于竞技体育无形资产的发展问题，形成有关竞技体育无形资产发展战略的概念，也构成社会总体发展战略及发展战略理论的组成部分。由于竞技体育无形资产是一项介于体育和经济领域之间的较新的体育产业内容，所以它具有一般发展战略共有的基本要素和共性特征，同时和其他事业的发展战略相比，竞技体育无形资产发展战略有着比较鲜明的个性特点。

**1. 竞技体育无形资产发展战略是一种专业性很强的“末端发展战略”**

竞技体育无形资产发展战略只是体育系统中的一个子战略，这一点不同于国家经济社会的综合性发展战略。即便是一个大的国家系统，如政治法律系统、机械工业系统等，它们也只是社会分工的一部分，虽然它们也具有相当程度的综合性，但整体的特征必然具有一定的专业性。在我国整体的社会发展战略系统中，体育发展战略是专业化程度很高的战略，而竞技体育只是体育发展战略的一个方面。竞技体育无形资产的发展是专业化程度更高的、处在系统末端的发展战略，而专业性较强的发展战略无论是在战略目标上，还是在战略对策上，都要求具有较强的精确性。

**2. 竞技体育无形资产发展战略是一种跟随性的从属战略**

相对于国家的经济社会发展战略而言，体育发展战略必须服从国家的总体发展战略，必须按照国家整体的改革与发展的需要来制定有关体育体制、产业、市场等管理和运行的政策、法律规章和管理办法等，竞技体育无形资产发展战略也要根据国家政策及体育管理部门的政策规章来进行规划和设计。所以，就战略本身属性来讲，它是跟随性的从属战略，而且具有双重的任务，即在本系统的战略中要服从系统内部的发展需要，同时也必须符合社会整体发展的要求。其跟随性的特点决定竞技体育无形资产的发展需要与整个社会经济及其他各部门的经济运行同步，需要根据国家整体的经济发展及相关政策规章的变化而不断地进行调整，以与整体的社会经济相互连接、相互促进、共同发展。

**3．竞技体育无形资产发展战略是一种多向交叉性的战略**

从战略主体上看，竞技体育无形资产发展战略应当属于系统战略，但它同时又具有组织战略的某些属性，还具有某些要素战略的特点，体现了主体的交叉性和综合性的特征；它是兼具事业性和产业性的发展战略。我国的体育产业化改革虽然取得了很大的成就，很多竞技体育项目已经走向产业化发展的轨道，但是我国现行的体制和运作机制并没有完全脱离计划经济的束缚，特别是很多的竞技体育项目仍然是按照原有的方式，是作为一项国家的事业来进行计划管理的。从我国体育系统对竞技体育的管理和竞技体育的实际运作来看，整体的指导思想上竞技体育仍然有公益事业的成分，但在对竞技体育无形资产的经营运作上，很多都是按照企业和市场运作的方式来进行的，表现为体育系统和其他部门系统、宏观和微观、行政管理和具体运作等，出现职能和分工的交叉。所以作为一项发展战略，这里存在着比较复杂的关系，必须通盘考虑这些矛盾和问题。

**4．竞技体育无形资产发展战略是一个全新的发展战略研究课题**

这一研究课题可以从两个方面分析和说明，一方面，竞技体育无形资产本身是一个新的经济开发和体育产业开发领域，特别是有关的理论研究十分缺乏，而有关竞技体育无形资产发展战略的研究则完全是空白。另一方面，有关发展战略的研究虽然涉及面较广，但未涉及的领域还很多，特别是某些领域的末端和边缘地带还没有纳入整体的战略性发展轨道，竞技体育无形资产发展战略研究正是处在这样一个空白地带。

**5．竞技体育无形资产发展战略是一项潜力巨大和大有作为的发展战略**

从20世纪70年代末以来竞技体育无形资产的开发利用情况看，无论是开发项目还是经济收益总量，不但数额巨大，而且呈快速增长的趋势，这种快速增长是呈几何型的倍数增长。根据目前的国际经济发展、社会环境和市场需求预测，竞技体育无形资产的需求量还会不断增加，经济价值也会不断提高，这表明竞技体育无形资产的发展潜力巨大，发展前景无限。

## 第三节　小　结

本章竞技体育无形资产基本理论和发展战略基本理论两个方面的内容，是整个竞技体育无形资产发展战略研究的基础和前提。通过对竞技体育无形资产基本概念及相关理论的系统阐述，认清竞技体育无形资产的基本内涵，明确竞技体育无形资产所包含的基本内容，以及所具有的性质、特点和分类方法等；通过对这些基本理论问题的阐述及进一步分析，对下一步发展战略布局、战略重点确定和战略阶段划分等，具有重要的理论支撑和实践指导作用。通过对发展战略理论的简要阐述，领会和理解发展战略理论的基本思想和一般内涵，并了解每一个战略要素的要点及各要素之间的相互作用关系，建立竞技体育无形资产发展战略研究的理论平台；通过对竞技体育无形资产发展战略的概念及其特点的阐述和说明，明确竞技体育无形资产发展战略的基本内涵及其与其他发展战略相比所具有的个性特点，这对中观和微观竞技体育无形资产发展战略研究具有重要的指导意义。

# 第三章　竞技体育无形资产发展的利弊因素分析

21世纪初，我国已基本完成由社会主义计划经济向市场经济的过渡，已基本实现工业化，经济上持续快速地增长。在这特定的历史过渡时期，任何部门和系统都处在不断调整和深化改革的过程中，竞技体育无形资产的发展需要根据这一时期的特点和自身的潜力及我国《体育产业发展纲要》和《2001—2010年体育改革与发展纲要》的目标和要求，制定一个面向未来的发展战略规划。制定任何一项事业的发展战略，都必须对其外在环境及利弊因素进行系统的考察和研究，这是科学制定发展战略的必要条件和重要依据。我国在实行社会主义市场经济体制和体育产业化改革的大环境下，体育事业的发展必须面向市场，竞技体育无形资产也必须在市场竞争中求得发展，这是我们需要明确的总的前提。很多发达国家体育产业开发的经验告诉我们，经济社会的发展水平决定体育产业及竞技体育无形资产的发展水平。所以我们在研究和制定竞技体育无形资产发展战略之前，不仅需要对我国体育产业发展和体育市场运作状况及相关的政策法规情况进行研究和分析，也要对未来我们所处的国际国内政治经济环境进行整体的分析。

## 第一节　国际国内政治经济环境的利弊因素

任何事业的发展战略研究及其战略规划的制定，其首要前提是必须对该项事业发展的各种利弊因素做全面和客观的分析，不仅要考虑发展的诸多直接利弊因素，还要涉及很多间接的利弊因素，因为一项事业科学发展观的形成一定是建立在对事物的充分认知之上的，对各种不同利弊因素的全面考量，是做到充分认知的第一步。很多外在环境条件因素看似与竞技体育无形资产发展没有关系，但实际上那些因素的任何风吹草动都会牵动和左右竞技体育无形资产的发展变化。

## 一、国际政治经济环境的利弊因素

从世界发展的历史和现代国际社会发展的潮流来看，国际社会将向多极化发展，整体上以和平与发展为主旋律，这为我国的政治稳定和经济发展提供了良好的外部环境。但一个国家经济的发展是要在国际竞争中求得的，所以我国的经济发展是处在机遇与挑战共存、有利与不利因素共生的国际环境中，每一项事业的发展都需要充分认清国际形势，从实际出发，把握大的发展趋势，抓住重点和关键，充分利用有利因素，克服和转化不利因素，这样才能制定出科学而可行的发展战略和采取灵活而有效的发展对策。

### （一）国际政治经济环境的有利因素

和平与发展是未来世界形势的主流，在和平居于主导的国际环境条件下，尽可能加快本国的发展已经是全世界各国和各民族人民普遍的愿望和价值取向。而当代的发展是相互依赖、相互竞争的发展，是以经济和科技为核心的综合国力的发展。在各行各业谋求发展的过程中，一方面，不同国家面临着不同的问题，产生不同的利益要求；另一方面，各国面临的共同问题也在日益增多，形成相互合作的重要利益基础。在国际经济发展过程中，国与国、地区与地区都处在竞争与合作并存、内容与形式不断变化的过程中。竞争是发展的动力，合作是发展的条件，国际经济社会的方方面面都会不断发生国与国、企业与企业之间的竞争、摩擦与纠纷，而最终不可避免地相互妥协，找到利益的结合点达成相对平衡，进而推动经济合作不断向前发展。国际竞争的内容主要表现为技术垄断和市场占有的竞争，表现为综合国力的较量。出于获得竞争和合作优势的需要，各国都必须学会在这种环境中调整自己的方位，把握有利位置。

未来世界经济发展格局的形成，促使我国的经济社会及各项事业的发展必须积极主动地面对国际竞争。全球范围内将形成以东亚、北美和欧洲为中心的三大地区经济集团，各集团之间的实力对比将决定世界经济格局的变化趋势。我国是东亚经济集团中起重要和决定性作用的力量，这个地位使我们能够站在竞争的最前沿，能更准确和敏锐地观察世界经济的发展动态，随时学习和借鉴，同时也能使自己处于一个积极的思索和竞争状态，以避免被其他的经济集团落在后边和在本集团中居于次要位置。这样就促使我国必须积极主动地参与国际竞争，并不断地得到新的发展以保持住核心的地位。国际新一轮的产业结构调整对我国的经济发展形成有利的局面。在21世纪的前半期国际上将完成新一轮的产业结构调整，第一产业、第二产业的比重将大大下降，第三产业的比重将进一步上升，内容不断丰富。信息技术的发展和信息产业的崛起，将进一步渗透到社会生产和生活的各个方面，出现“第四产业”。代表未来发展方向的尖端技术与传统产业中某些部分的结合，将形成许多新的领域。我国正在大力发展第三产业，并积极进行产业结构调整，这符合世界经济发展的潮流，从对未来经济发展的预测及国外产业发展和结构变化的规律看，随着我国经济的发展，第三产业的发展前景广阔、市场潜力巨大，这是很多发达国家所不具备的，而且我国在科技方面也具备相当的基础和实力，只要我们锐意改革和创新，新的产业结构调整就是我国进一步加速发展的大好时机。在这样的国际环境下，发展我国的竞技体育无形资产事业有着诸多机遇和有利条件。

（1）和平的国际环境为我国制定长远的竞技体育无形资产发展战略创造了有利的外部条件。竞技体育对当今的社会生活有着巨大的影响，竞技体育在市场经济环境下成为企业、宣传自己的重要载体。而且竞技体育无形资产作为现代经济发展的一个要素，在经济结构中发挥着重要的调节和润滑作用，所以从整体的外界环境和竞技体育无形资产本身的功能看，具备发展的优势、潜力和条件。

（2）国际经济一体化的新经济格局形成和发展，适逢我国经济的高速增长时期，并与体育产业兴起同步，为竞技体育无形资产的发展创造了良好的经济环境。在国际三大经济集团形成和国际经济一体化形成之后的新一轮国际竞争中，我国经济已经进入高速增长的轨道，而且保持着快速的发展。随着体育产业在世界范围内的兴起，我国体育产业对国民经济的作用也日益凸显，而随着我国竞技体育水平的不断提高，在国际赛场上必然会取得突出的成绩和产生巨大的影响，会使得我国拥有大量可待开发的竞技体育无形资产资源。所以，此时竞技体育无形资产的发展面临着良好的机遇，只要我们充分认识并重视这一资源的开发，就完全有可能达到与我国整体经济的同步发展。

（3）新一轮的国际产业结构调整和我国第三产业发展的广阔空间，为我国竞技体育无形资产发展提供了优良的发展环境。新一轮产业结构调整之后，第三产业在整个经济发展过程中将发挥更重要的作用，而我国的体育产业已经被列为第三产业的内容，是我国未来产业和世界体育产业发展的重要组成部分，世界产业结构的变化既要求我国全面提高第三产业发展水平，又要求体育产业开发达到一个新的水平，竞技体育无形资产在体育产业中占有重要的位置，也必然要求我们将竞技体育无形资产开发纳入正规化和国际化的轨道。所以，世界产业结构调整和我国大力发展第三产业，为竞技体育无形资产的发展创造了优良的发展环境。

（4）未来国际一体化的经济和统一的体育市场，以及国际统一的经济运作方式要求我们必须大力发展竞技体育无形资产。随着我国加入WTO，我国必须全方位地与国际接轨，我国已经实行了社会主义市场经济体制和对外开放的政策，初步形成了和国际同步发展及与世界产业格局相一致的趋势。我国社会、经济的发展及我国体育产业化发展的方针政策的确立，使我国的体育管理运作发生了根本性变化，竞技体育无形资产作为体育产业开发的重要内容，特别是其商业价值和经济价值的不断提高，这要求我们必须不断丰富、调整和完善有关的体育经济政策。由此可见，大力开发我国竞技体育无形资产已经是不可逆转的趋势。

### （二）国际政治经济环境的不利因素

我国竞技体育无形资产的发展，在看到众多国际机遇和有利条件的同时，也应当充分认识到面临的国际挑战。我们处在激烈竞争的国际环境中，很多发达国家早已完成了工业化的发展过程，他们有着雄厚的物质基础和现代化的管理思想，所以在经济实力、科技实力和管理经验等各个方面都优于我们。国际上体育产业经过近20年的飞速发展，经济发达国家的体育产业已经成为非常成熟的产业，对竞技体育无形资产开发已经具有丰富的经验和雄厚的资金，在国际竞争方面拥有很大的主动权和技术实力，他们对我国的竞技体育无形资产发展构成很大的挑战。相对而言，我国整体实力还相对落后，竞技体育无形资产发展的环境还没有达到最佳的状态，而竞技体育无形资产的全面系统开发刚刚开始，企业的规模小、资金不足、实力较弱，还不具备参与国际竞争的实力，在经营运作经验上也存在严重的不足。国际上的很多体育社团和企业在经济利益的驱使下，必然会参与我国的体育市场竞争，争夺我国竞技体育无形资产开发的利润份额。在这样的国际竞争中，西方发达国家的企业和集团不仅会利用他们以往的开发经验和经济实力，还会凭借他们在管理和技术上的优势来获得巨大的经济利益。而在竞争过程中，我国由于整体实力的不足和技术水平的落后，在相当长的一段时期内将处于国际竞争的劣势，可能会居于被动和不利的地位。

## 二、国内政治经济环境的利弊因素

从1978年党的十一届三中全会开始，我国把工作的重点转移到以经济建设为中心的正确轨道，进入了改革开放和经济快速发展的新时期，事实证明，我国经济体制改革和对外经济开放取得了伟大的成就。我国的经济建设和社会发展按照社会主义现代化分“三步走”的战略构想，已经进入以现代化、市场化和国际化为基本内容的高速发展轨道，这是将经济发展与体制创新相结合、内部发展与对外开放有机结合的对原有经济发展思路的一次全方位的调整，进而以崭新的姿态汇入世界发展的时代潮流中。我国真正的经济起飞是20世纪80年代，到20世纪末实现了进入小康社会的奋斗目标，这是我国经济发展非常辉煌的成就。我国的经济发展一直处于高速、稳定增长的良好势头，这一切为我国经济和社会的进一步全面发展奠定了坚实的基础。党的十四届五中全会提出实现两个“根本性转变”的重大决策，这是一项前无古人的伟大事业。两个“根本性转变”是在总结我国经济发展的历史经验和发达国家成功经验的基础上，提出的符合我国国情和世界发展潮流的发展方针，在这一过程中我国的经济将继续保持快速增长，这一切为我国竞技体育无形资产发展战略的制定创造了有利的外部环境。

### （一）国内政治经济环境的有利因素

人类社会的文明进步是以经济发展为基础的，竞技体育无形资产是伴随经济社会发展和社会文明进步而产生的一种经济资源，它既是社会文明程度的象征，也是社会整体经济的组成部分，所以它在很大程度上依赖于经济社会的发展而发展。我国经济发展的总体态势良好，无论是从发展的经验积累、已有的经济技术基础来看，还是从推动未来发展的主要因素分析，保持经济长期快速发展的基本条件已经具备。我国竞技体育无形资产的发展必然依赖于经济社会的整体发展，必须高度重视两者之间的关系，并需要在充分分析我国竞技体育无形资产发展诸多有利因素的同时，研究利弊发展的不利因素，以更加优化合理地确定我国竞技体育无形资产的发展战略。我国制定竞技体育无形资产发展战略及促进这项事业的发展，存在很多国内政治经济环境的有利因素和条件。

（1）在经济方面我国已经具备了相当的经济实力并能够保证未来经济的持续增长。我国的经济发展已经取得了巨大的成就，综合国力大大增强，也为进一步的发展打下了重要的物质基础，而且在21世纪的前半叶能够保持快速的增长。这一点可以从我们已经积累的经济建设经验、已有的物质技术基础和巨大的发展潜力等方面找到依据，而且我国拥有稳定的社会保障，经济体制也会不断得到发展和完善，所以我国已经具备了竞技体育无形资产发展的物质基础和环境条件方面的保障。

（2）我国进行了卓有成效的经济体制改革并拥有很大的产业结构调整的空间。社会主义市场经济体制下政府职能的转变，将保证社会资源的有效配置，提高经济运行的质量，促进经济发展和社会进步。而且我国产业结构调整还有很大的空间，无论是从技术还是产业的现有水平，我国第二产业的发展还有相当长的一段路要走，到21世纪30年代，第二产业的比重在相对稳定的一个时期后将趋于下降，第一产业则持续下降，在第一产业、第二产业提高效率的基础上，第三产业将持续增长，这在宏观环境上为我国体育产业的发展提供了千载难逢的好时机，也为我国竞技体育无形资产事业的发展创造了有利的条件。

### （二）国内政治经济环境的不利因素

我国竞技体育无形资产的发展还存在一些挑战和不利因素，我国处在由计划经济体制向市场经济体制，由传统社会向工业化、现代化社会转型的过程中，不仅经济实力和发展水平不能极大地满足竞技体育无形资产开发的需要，而且长期受计划经济思想的影响和束缚。存在着思想观念和科学技术水平落后，缺乏市场经济的运作管理经验，对体育产业发展规律的认识还不够全面，政策法规不配套、不健全等矛盾和问题，影响着我国整体经济社会的发展，也影响着我国体育产业及竞技体育无形资产的发展。另外，我国由于经济发展的不平衡和地区文化差异较大，在竞技体育无形资产开发和利用方面还存在不平衡的问题。从地域上看，东南沿海地区和经济文化发达地区的竞技体育水平较高，竞技体育无形资产得到一定程度的开发和利用，而更大面积的中西部地区及较偏远落后地区则是资源匮乏，更无开发可言。而从项目上看，有产业开发的竞技体育项目只是一小部分，更多的项目处在没有开发的状态。这样就会大大影响我国整体的竞技体育无形资产的发展。而在竞技体育无形资产开发的具体管理运作方面，也存在经验和方法等方面的不足，我们的竞技体育无形资产开发过程中必然会出现诸多矛盾和问题，在这样的环境条件下，我们必然有一段艰难的路要走。只有充分认识我们所处的现状，才能逐步有章有序、有条不紊地把我国的竞技体育无形资产发展推向新的高度，并参与激烈的国际竞争。

## 第二节 我国体育产业发展与体育市场运作的利弊因素

### 一、我国体育产业发展的利弊因素

当今，体育运动在世界各国得到更迅速、广泛的开展，体育已不仅能增进人民健康、振奋民族精神，还能作为一种产业对现代社会的经济发展产生巨大的影响。很多工业化国家的发展经验表明：体育产业不仅能推动和促进社会体育的发展，而且可以带动社会基础设施的投资，促进相关产业和社会服务业的繁荣，体育产业的发展能够产生巨大的社会效益和经济效益，从而促进整个国民经济的发展。

#### （一）我国体育产业发展的有利因素

我国改革开放之后，党的一系列方针政策的确定，使人们的思想意识发生了深刻的变化：一方面，以经济建设为中心的基本方针的确定，使大家有了明确的奋斗目标；另一方面，实践是检验真理的标准的讨论使人们摆脱了多年来形成的思想禁锢，更加勇于实践、勇于探索。同时，对外开放政策使人们更加全面客观地认识现实的世界，同时也不断地学习和吸收国外先进的思想、技术和经验，体育产业作为一个新兴的产业就是在这样的形势之下兴起的。20世纪末，随着我国体育事业的改革与发展，特别是我国社会主义市场经济体制的建立，要求我们必须改革原有的体育管理体制和运作机制，必须走产业化发展的道路。我国体育发展的历程，是体育事业改革不断深化和体育产业不断成长壮大的过程，也是我们对体育产业认识不断提高的过程，这个过程分为两个阶段。

第一阶段是为体育产业化改革打基础阶段（1978年底至1991年）。这一阶段是体育界在以计划经济为主、市场调节为辅和有计划的商品经济理论为指导思想的前提下，体育界开始打破原有计划经济思想的束缚进行体育产业开发的。这一阶段体育系统主要围绕两个方面开展产业活动，一是围绕体育场馆进行的出租、出借，兴办经营实体，经营健身娱乐活动场所，以及开展有偿表演和技术咨询活动。二是围绕体育竞赛活动和高水平运动队拉赞助和搞联合办队，吸引社会资金资助体育事业。这两方面的体育产业实践都取得了明显的成效，而且这种活动作为体育产业发展的必要启动过程，使很多的商人和企业家看到体育市场的广阔和体育产业开发的美好前景，使体育作为一种推动经贸活动的手段得到社会和企业的广泛认可和重视。从整体来看，20世纪80年代的体育改革基本上是属于浅层次的，一些深层次的矛盾并未得到根本解决，特别是原有计划经济体制下形成的举国体育体制和运作机制还没有得到根本的转变。但是这些体育经营活动的开展，为体育进一步的社会化及更深层的产业化改革奠定了重要的基础。

第二阶段是体育产业化改革及体育产业迅速发展阶段（1992年之后）。党的十四大确立了社会主义市场经济体制的目标，使我国体育事业发展的社会环境和经济环境发生了深刻的变化。为了使体育事业的发展与社会主义市场经济体制相适应和符合现代体育运动发展规律，达到自我发展和自我完善，必须进一步深化体育管理体制和运行机制的改革。1992年广东中山会议和1993年全国体育工作会议提出体育要实行“六化六转变”的改革，把发展体育产业和培育体育市场作为深化改革的一项重要内容。1993年国家体委提出了《关于培育体育市场、加快体育产业化进程的意见》，1993年6月，我国在南京首次召开体育产业工作会议，会议达成体育事业发展面向市场、以产业化为方向的共识。我国深化体育改革是以足球项目作为突破口，首先从协会实体化开始，紧接着在1994年推出足球职业联赛，把足球项目按照国际惯例和企业运作的方式，从原有的体制中脱离出来。随着各个项目协会实体化改革的实施及《全民健身计划》《奥运争光计划》的颁布，体育系统内部开始努力利用和挖掘自身的商业价值和经济功能，大力开拓产业领域，积极引导体育消费。这期间包括很多大型企业和著名的企业家在内的社会各界都投身体育产业，据有关统计，1991—1994年我国有10个省市体育产业的盈利超过1000万元人民币，其中上海已接近1亿元人民币；1997年，广东省的体育经营企业达1700家，其中深圳市有160多家，年营业额达到5亿元人民币；1998年，北京市的体育经营企业达5000家，年营业额超过6亿元人民币。

体育产业化发展的提出是我国体育改革的一个重大的突破，1995年6月国家体委制定了《1995—2010年体育产业发展纲要》，明确指出了我国体育产业的发展目标，特别是在1996年3月第八届全国人民代表大会第四次会议通过的《国民经济和社会发展“九五”计划和2010年远景目标纲要》中明确提出我国体育产业化发展之后，体育产业开发的领域不断拓宽，历年体育产业的产值都呈直线上升。我国已经基本形成了以本体产业为基础，多业并举、多种所有制并存，整体协调发展的体育产业新格局。竞技体育无形资产作为体育产业开发的一项重要内容，开发的数量和规模在不断地扩大，质量和效益也大大提高。

总体来看，我国体育产业起步较晚，但发展速度很快，产业领域不断拓宽，发展规模逐渐增大，产业的质量和效益都有明显提高。体育产业的整体规模与其他产业相比虽然不是很大，但在社会主义市场经济发展过程中，它已经形成了一个独具特色的产业门类。1994年之后社会投资办体育产业的发展速度很快，涌现出一大批符合现代企业制度的体育俱乐部、体育企业或企业团体，而且体育产业的发展给我国体育事业带来了广泛、深刻的影响。但我们应当认识到，我国体育产业的发展还处于起步和探索阶段，目前我们对体育产业问题的认识还是比较肤浅的，产业的开发还只是局部性的，现行的体育管理体制还不完全适应体育产业化发展的要求。未来我国将逐步建立起适合社会主义市场经济体制，符合现代体育运动发展规律，门类齐全、结构合理、发展规范的体育产业体系。我国体育产业的迅速崛起是一种必然的趋势，这对于竞技体育无形资产的发展非常有利。

（1）我国实行社会主义市场经济体制，确定了体育产业化发展的方向，为竞技体育无形资产的发展创造了有利的前提条件。我国改革开放之后体育产业及竞技体育无形资产的发展，从改革初期的体育事业单位创收开发，到后来实行社会主义市场经济体制之后的体育产业化发展，其首要前提是国家在方针政策上的引导，没有党中央确定的一系列方针政策，竞技体育无形资产的开发利用就无从谈起。所以也正是现行的市场经济体制和体育产业化发展的方针政策，为我国竞技体育无形资产的规划及发展创造了必要的前提条件。

（2）我国改革开放以来的体育改革探索及体育产业的迅速发展壮大，为竞技体育无形资产的发展创造了必要的物质基础。我国在体育改革探索过程中不仅总结和积累了丰富的经验，而且创造了大量的物质财富，建立和创办了一定数量的体育社团和企业，产业规模也在不断地扩大，很多社团和企业已经积蓄了相当的实力，这些为我国竞技体育无形资产的经营开发创造了重要的物质基础。

（3）我国在体育产业化改革与发展的探索过程中形成了一整套行之有效的理论、方法和经验。体育的改革与探索包括相互联系和作用的两个方面，一方面是改革的实践探索，另一方面是体育改革理论的研究与总结，而理论的研究与总结是对实践的高度概括和升华，是高于实践的思想认识，对进一步实践和提高认识有重要的指导意义。改革开放以来，特别是进行体育产业化的深化改革以来，我国总结和归纳出很多理论性很强的文件和纲要，也产生了大量的体育改革和体育产业发展方面的论文和专著，这些理论和方法对竞技体育无形资产的开发利用具有重要的指导意义。

（4）我国制定了一系列有关体育产业及竞技体育无形资产方面的政策和法规，可以保证竞技体育无形资产开发的实施。在体育改革过程中，我国体育事业总的指导思想是以服务经济建设为宗旨，以全民健身提高全民族的健康水平和提高运动技术水平为国争光为基本的出发点，制定了一系列的政策、法律和法规，特别是在我国确立了社会主义市场经济体制的目标后，出台了大量的体育产业及体育无形资产方面的政策和法规，并正在不断地进行补充、调整和完善，随着经济的发展和法律法规的不断完善，我国竞技体育无形资产的开发利用会逐步走上正规化和法治化的轨道。

### （二）我国体育产业发展的不利因素

我国的体育产业开发时间比较短，客观上存在很多不利于竞技体育无形资产发展的因素。由于长期受计划经济管理体制的影响和束缚，我们在发展体育产业方面存在思想观念保守落后、对体育产业发展规律认识不充分的问题，在经营运作方面也存在经验不足的问题。

从体育产业本身来讲，我国体育产业起步较晚，存在着产业整体规模较小、发展不平衡、产业结构不合理等问题，体育产业的管理体制和运作机制还不够完善，这些都在不同程度上限制了竞技体育无形资产的发展。尤其是体育产业结构不合理的问题，我国的体育产业始终存在着本体产业发展不够充分，没有形成支柱产业，阻碍着我国体育产业的发展和参与全球体育产业竞争的能力，体育产业结构主要受到投资结构的影响，我国体育产业多由国家投资，民间投资少且不稳定，缺乏稳定的投资政策。产业结构的缺陷、产业质量不高、缺乏稳定的优惠政策扶持等，是我国下一步体育产业及竞技体育无形资产发展亟待解决的问题。另外，区域发展不平衡，大城市和沿海城市体育产业发展较快，而中西部地区严重滞后；竞技体育无形资产的发展尤其受运动项目发展不平衡的制约，由于运动项目的观赏性、技术水平和在国际比赛上取得成绩的不同，其无形资产的发展水平也不同。

虽然我们可以预测我国的体育产业及竞技体育无形资产会随着社会经济的发展而迅速崛起，而且从宏观上讲我国有着优良的发展环境和广阔的发展前景，但目前我们还仅仅处在长期发展的开始阶段，离要达到的目标还相差很远，体育产业化还需要一段相当长的时间。因此，我们需要把体育产业纳入国民经济总体发展的格局中去，给予充分重视并大力地推进。

## 二、我国体育市场运作的利弊因素

我国的体育市场是伴随着由计划经济向社会主义市场经济过渡的市场化过程而产生和发展的。也就是在这样的社会转型过程中，我国的体育事业开始按照市场规律的要求走上产业化发展的轨道，出现了体育服务产品和体育市场。有学者认为，现代市场学意义上的体育市场是指社会对体育服务产品既有购买力又有购买欲望的现实和潜在的需求。我国以经济建设为中心，实施改革开放政策，使经济和体育事业得到了飞速发展，为体育向产业化发展奠定了思想基础和物质基础。20世纪90年代以来，我国体育开始走产业化发展的道路，体育产业的发展是以体育市场的发展为前提的，有产业必有“市场”。而按照体育产业化发展和体育市场运作的要求，就必须建立与社会主义市场经济体制相适应的体育管理体制和体育市场运作机制，这也是我国深化体育改革的目的。发展体育经济和体育产业，核心问题就是体育市场的问题，所以首先要认识、开发和利用体育市场，同时要把它管好，逐渐地通过市场进行资源的配置，最后达到依法对市场进行管理和控制的目的。

### （一）我国体育市场运作的有利因素

自党的十四大确定建设社会主义市场经济体制的目标以来，我国注意学习和吸收国外的先进经验并重视政策研究和制度建设，鼓励广大科研人员从事体育经济问题的研究，给广大投资者以优惠的政策，努力处理好整体和局部、长远和眼前、国家和个人等各种关系，人们也逐渐对体育市场有了比较全面、系统的认识，体育市场迅速崛起并成为引人注目的体育经济现象，初步建立体育市场体系和管理运作模式。我国体育市场形成并迅速地发展，在根本上是缘于工业化、城市化进程的加快及经济发展给体育市场发展带来的契机。工业化带来巨大物质财富的同时，也大大提高了居民的消费水平和企业支付能力。发展体育产业，首先要培育体育市场，要引导体育需求和体育消费，没有体育需求就没有体育消费，没有体育消费就没有体育市场。

表3-1是1999年对重庆市居民家庭消费情况的调查数据，结果基本反映出我国居民消费水平状况，从各消费阶层占被调查家庭的比重看，中间阶层所占的比重最高，居民的消费水平呈分化状态。表3-2是不同消费阶段的居民消费偏好情况，结果表明，城市各个消费阶层目前主要的闲暇消费仍是“娱乐”，从各阶层之间的比较看，最富裕阶层用于“娱乐”的家庭消费比重相对较低，而用于“学习”“运动”和“旅游”的家庭消费比重相对较高。整体来看，迅速的工业化、城市化使人们的生理健康和心理状况迫切需要得到改善，随着我

国居民消费水平的提高，加上体育本身具有多方面的功能，从而使得体育消费需求日渐增强，居民用于体育消费资金的比例会越来越高，体育市场有着巨大的潜力。

表3-1　重庆市家庭消费分层

| 恩格尔系数 | 消费类型 | 占被调查家庭（%） | 累积（%） |
|---|---|---|---|
| ≤0.29 | 最富裕阶层 | 7.2 | 7.2 |
| 0.30~0.39 | 富裕阶层 | 10.6 | 17.8 |
| 0.40~0.49 | 中上阶层 | 17.7 | 35.5 |
| 0.50~0.59 | 中间阶层 | 22.0 | 57.5 |
| 0.60~0.69 | 中下阶层 | 19.7 | 77.2 |
| 0.70~0.79 | 贫困阶层 | 12.9 | 90.1 |
| ≥0.80 | 最贫困阶层 | 9.9 | 100.0 |

表3-2　不同消费阶层家庭及成员的闲暇消费偏好（%）

| 闲暇消费 | 最贫困阶层 | 贫困阶层 | 中下阶层 | 中间阶层 | 中上阶层 | 富裕阶层 | 最富裕阶层 |
|---|---|---|---|---|---|---|---|
| 娱乐 | 66.4 | 65.4 | 64.6 | 71.6 | 60.9 | 64.2 | 53.5 |
| 学习 | 10.1 | 10.5 | 11.1 | 10.1 | 11.8 | 9.0 | 18.5 |
| 运动 | 3.4 | 3.2 | 6.4 | 4.5 | 5.5 | 5.2 | 7.6 |
| 旅游 | 0.8 | 1.1 | 3.0 | 3.0 | 4.1 | 5.2 | 5.4 |
| 社交 | 3.4 | 3.1 | 4.7 | 3.7 | 6.4 | 6.7 | 5.4 |
| 其他 | 16.0 | 16.7 | 10.1 | 7.1 | 11.4 | 9.7 | 9.8 |

目前，我国的体育市场体系基本包括竞技表演市场、健身娱乐市场、体育无形资产经营市场、技术培训市场、体育彩票市场和体育用品市场等，也包括体育人才市场和体育信息市场。近些年，各类体育市场都出现良好的发展势头，现在的体育市场已经逐步由过去的零星单一、主次不分，向本体为主、层次分明、全面发展的方向推进，而且发展的速度非常快，有的市场发展规模基本呈几何级增长。各类体育市场都形成了一定的运作机制，并产生了显著的经

济效益，整体上已经形成了一定规模的以本体市场为主体的体育市场，市场体系的基本框架趋于清晰。从我国良好的经济发展势头和体育市场的巨大潜力可以预计我国体育市场的发展前景是广阔的。随着竞赛办法不断完善和管理水平的进一步提高，竞技体育市场的前景将是更广阔的。我国以竞技体育市场为主导，开放体育市场，招商引资、利用赛场做广告、冠杯名、开发专利产品、发行彩票等各类体育市场非常活跃，所以，体育市场包括竞技体育无形资产市场，在体育产业化改革之后得到了迅速发展。

各类体育市场之间并不是以孤立形式存在的，而是互相联系、互相渗透、互相影响、互相依托，一个完善的体育市场，应当是门类齐全、层次有序、结构合理的组织体系。竞技体育无形资产市场的运作在很大程度上是依靠体育市场整体的兴旺和繁荣，而体育市场的发展更加依赖整个经济社会的发展和繁荣，没有这样的前提条件，竞技体育无形资产的开发和市场运作就无从谈起。当然，竞技体育无形资产的有效开发利用和市场运作也会促进整个体育市场及社会经济的发展和繁荣。在体育产业与体育市场之间也存在着依存关系，在很大程度上体育市场的发展与繁荣决定了体育产业的发展与繁荣。我国体育市场的产生和迅速发展，为竞技体育无形资产的发展创造了重要的基础和必要的前提。

（1）具有一定规模的体育市场为竞技体育无形资产开发创造了有利的环境条件和经营运作的空间。各种体育市场的产生和不断扩大规模事实上为竞技体育无形资产的经营创造了必要的前提和基础，提供了良好的环境，因为任何的商业经营和开发都需要必要的人文空间和市场需求，竞技体育无形资产的经营开发同样需要一定的市场环境和条件。虽然竞技体育无形资产本身也是体育市场的内容和组成部分，但是其经营开发还是需要整个体育市场的兴旺发达，没有体育市场整体的发展，也就没有竞技体育无形资产的发展。

（2）体育市场发展过程中培养了一批体育产业及市场运作的经营人才，他们成为竞技体育无形资产经营的主力军。体育市场的产生和发展过程，实际上也是体育产业经营人才大量涌现的过程，因为各类人才的养成除了需要个人的天分和勤奋外，更需要良好的成长环境，我国在体育市场发展的同时也造就了大量的体育产业经营人才，而竞技体育无形资产作为体育产业经营和体育市场运作的重要内容，需要有更多的人才投身其中。

（3）在体育市场的运作过程中造就了一批有实力和资金的体育企业，成为竞技体育无形资产经营的原动力。竞技体育无形资产的经营和运作，在开始阶段基本都是由政府包办的，但随着体育产业化进程的加快及产业规模的不断扩大，竞技体育无形资产的经营主体也在发生变化，特别是市场经济环境需要企业和体育中介组织的参与，而体育市场的运作过程培育了一大批具有一定实力的俱乐部、经营实体和中介组织，他们有的是竞技体育无形资产的拥有者，有的是熟悉体育市场经营运作的经营机构，成为竞技体育无形资产经营的骨干力量。

（4）体育市场的经营运作过程实际上包括竞技体育无形资产自身的经营运作。事实上体育市场的启动和竞技体育无形资产的开发利用有着密切的关系，最开始的企业赞助运动队其实就是无形资产的作用，而且体育市场经营运作自始至终都和竞技体育无形资产的经营开发密切相关，体育市场发展壮大的过程也是竞技体育无形资产开发不断发展的过程，所以体育市场经营和竞技体育无形资产开发是两个高度密切相关的统一过程。

### （二）我国体育市场运作的不利因素

改革开放初期，体育产业和体育市场处在萌生和探索阶段，我国一改以往体育事业仅作为社会公益事业的运作模式，开始进行一些产业性质的经营运作和有偿服务。虽然有一些体育服务和体育商品的经营和运作活动，也取得了非常显著的经济效益，但体育市场远没有形成规模，服务和经营的内容非常简单，产生的经济效益也远没有达到应有的水平，市场潜力还没有挖掘出来，而且对体育市场的认识和研究都不够，体育市场的概念模糊，和其他市场及商品经营的概念存在混淆。

我国体育市场开发的水平和国际上经济发达的国家相比，无论是在绝对的规模上，还是在相对的潜力挖掘上，都存在着巨大的差距，市场管理的法治化和规范化水平也不高。从大的方面讲，我国体育市场的发展水平较低，市场体系不健全，市场结构不完整，市场发展不平衡，市场功能不健全；在小的方面，市场行为缺乏规范性，现行的体育法规不健全、不配套、可操作性差，这是我们必须认清的现实。所以我们应当明确，我国的体育市场开发仅处于起步阶段，还有诸多政策和理论问题亟待研究和解决，我们培育和发展体育市场，首要任务是推动体育消费，加强体育法制法规建设，只有建立健全法治，才能规范市场主体的行为。

## 第三节 我国体育管理体制改革的利弊因素

我国在进行深化体育产业化发展改革和培育体育市场的同时，也在改革并建立新的体育管理体制，这种管理体制的改革是为了适应社会主义市场经济和体育市场发展的需要，以及符合体育事业进一步发展的要求，也和竞技体育无形资产的经营开发有着密切的关系。体育产业化发展更深刻的意义在于进一步改革我国的体育管理体制和运作机制，并能够适应未来社会和经济的发展和进步，也只有这样才能使体育事业的发展具有充分的活力和后劲，才能真正把体育推向市场，在市场上体现体育的价值和地位。因为我国整体的经济体制已经发生了根本性变化，体育事业的管理体制和运作机制如果不随着经济体制的改革而改革，就会与经济社会发展脱节，落后于整个社会的发展。原有的体育管理体制和运作机制基本是在计划经济体制下形成的。过去曾一度行之有效的体制，在现今新的形势下已经有很多不适应的地方，已经无法和时代同步，所以我们必须在继承以往好的、有效的经验的同时，对旧有的管理体制和运作机制进行改革，这样才能适应体育产业化发展和市场运作的需要。

### 一、我国体育管理体制改革的有利因素

我国进行的体育管理体制改革及其运作机制的转变，内容包括训练体制、竞赛体制、群众体育体制等多个方面，这些都与体育市场建立和体育产业发展

密切相关，比如运动项目协会实体化的转变、大型体育活动由国家包办到社会参与的转变、有偿训练和人才交流等，都是体育产业化发展和体育管理体制改革的具体步骤，目标是建立与社会主义市场经济体制相适应、符合现代体育运动规律的体育市场体系和社会化服务体系。其中体育行政部门机构改革和职能转变是改革的首要环节，机构改革主要是在“精简、统一、效能”的原则下，转变政府的职能和推行公务员制，着眼点在“理顺关系、转变职能、精简机构、提高效率”上，把工作重点转移到加强调查研究、制定和执行宏观调控政策上来，使各级体育行政部门由“办体育”为主向“管体育”为主转变，切实发挥领导、协调、监督和服务的作用。

我国目前处在管理体制的转变过程中，深化体育改革的关键是体制改革，改革的核心是机制的转换，体制改革和机制转换要配套进行。与任何新事物的诞生和发展过程一样，体育管理体制的改革过程会出现有利于体育事业及体育产业发展的一面，也必然会伴随着矛盾、斗争和不利的一面，这是我们必须迎接和面对的。

体育管理体制改革中有利的一面如下。首先，为了适应体育行政部门的职能转变，做到政事分开，改革首先从协会实体化开始，把管理职能从机关划出，转移到相应的事业单位。肯定地讲，这一改革举措在某种意义上达到了与改革目标的统一，是在“精简、统一、效能”的原则下，转变政府的职能，在“理顺关系、转变职能、精简机构、提高效率”上有了起色，使各级体育行政部门由过去“办体育”为主向“管体育”为主的方向转变。这种转变有利于广大行政人员集中精力研究和制定各项体育产业发展的政策和法规，有利于合理的有关竞技体育无形资产开发政策的出台。因为行政手段无法有效地调节和控制体育市场，只有通过法治建设和宏观指导相结合的手段才能促进体育市场的良性发展。这种模式改变了过去大量的人员堆积、资金无法满足事业运作需要的现象，改变了过去机制僵死、缺少生机活力的局面，所以说深化改革是必然的选择。其次，为了适应社会主义市场经济体制的需要，我国大力加强并出台了一系列的体育产业经营和市场运作的法律规章。体育市场的运作和发展需要建立健全法律规章及有效的执法和监督机制。法律规章的出台为我国体育产业与市场运作走上依法治理的轨道，为建立健全完整的体育市场法规体系，以及我国体育产业和体育市场运作的健康发展创造了必要的前提。

## 二、我国体育管理体制改革的不利因素

体育管理体制改革是职能转变和权力下放的过程，也是利益重新分配的过程，在这一过程中有很多更细致、复杂的问题和矛盾，也存在着很多不利的因素。这一改革是要转变行政机构原有的职能，需要很多人牺牲眼前的个人利益，需要改变过去体育行政部门对体育事业的统一管理、统一规划，以及由具体的职能部门来进行统一的运作。由于传统的工作思路和行为方式很难一下子转变，而且很多管理权限并没有真正交给市场，仍然掌握在政府手中，所以体育市场运作中出现立法、执法和监督三位一体的现象，这是不合理的市场竞争。比如电视转播权，作为一种商品本来是完全可以交给市场运作并获得更高的经济利益，但仍然受到行政干预而无法进行真正的市场运作，很多竞技体育无形资产的开发利用也是如此。目前我国的体育市场受行政干预的影响很大，克服旧体制的束缚是转制过程中体育市场面临的困难和挑战。还有，虽然出台了一系列法律规章，但完善立法的工作不是一朝一夕就可以完成的，这是一个工作量很大和非常艰苦的工作，必须投入人力和物力。法律法规不健全或存在漏洞，体育市场运作就会出现无法可依的现象和混乱局面，所以体育市场的法治建设是摆在我们面前非常紧迫的工作。立法的同时还有执法的问题，我国今后相当长的时间内在执法问题上会存在体制和机制、法律和权力等各种关系的矛盾，如何做好立法和执法工作是我国今后体育市场发展所面临的严峻的挑战。这些矛盾不解决对竞技体育无形资产的开发和保护都是十分不利的。

# 第四节 我国体育经济政策与法治建设的利弊因素

在改革开放之前的计划经济年代，我国体育事业的运作是采取“举国体制”，形成了一套建立在计划经济体制基础上的体育经济政策。但所谓的体育经济政策实际上是国家计划经济政策的组成部分，基本是由国家统一规划、统一拨款、条块分割到各个行政管理区。在这种体制下，体育事业基本上是一项公益事业，各项体育事业都是靠国家的财政拨款来组织运作，政府的指令和文件即代表政策和法规。

## 一、我国体育经济政策与法治建设的大环境因素

党的十一届三中全会提出了以经济建设为中心和进行经济体制改革的号召，从此我国进入思想大解放、经济大发展的时期。中央先后提出了一系列新的经济发展的指导思想和政策，各行各业都开始了改革尝试，都面临着越来越多和越来越复杂的政策问题。政策的制定和实施，对经济社会及各行各业的发展发挥着越来越重要的作用。改革开放之后体育战线采取了很多重大的改革措施，相应地进行了一系列的政策调整。体育经济政策是国家在社会发展领域宏观经济政策的组成部分，是政府领导和管理全社会体育事业发展的重要手段，主要包括政府财政投入、基本建设基金、社会集资、税收、体育机构和赛事运作等方面的有关政策。这些政策的调整与完善，对促进体育事业的改革和发展，以及更好地适应社会主义市场经济具有重要影响，也与竞技体育无形资产的发展密切相关。

20世纪80年代初期，体育系统首先提出了“以体为主，多种经营”的体育产业经营政策，先在体育场馆进行改革试点，实行承包责任制，到80年代后期又提出了体育场馆由事业型向经营型转变。这些政策的出台，打破了体育事业由政府出钱包办的状况，一方面，经营活动创造了较大的经济收益，缓解了当时体育经费不足的局面；另一方面，使不少有远见卓识的企业家开始把投资瞄

准体育市场，而且逐渐地使更多的人认识到体育作为推动经贸活动的手段在经济社会发展中的重要作用。

党的十四大的召开确立了建立社会主义市场经济体制的目标，对国家整体经济发展的方针政策进行了较大的调整，体育事业发展的社会环境和经济环境发生了深刻的变化。我国向社会主义市场经济体制转变的深化改革过程，必然会出现原来的体育经济政策不适应新体制的情况，出现政策不到位、法规不健全等一系列问题，所以加强体育经济政策研究，建立与社会主义市场经济体制相适应的方针政策及法规体系是适应这一转变的必备条件。改革开放以来的经济发展、我国向社会主义市场经济体制的转变，以及体育向产业化发展的深化改革，为体育政策的制定创造了良好的环境，相应地我国体育系统从1992年以来先后举行了一系列重要的会议，出台了很多决定体育事业发展方向的政策性文件和法律法规。

## 二、我国体育经济政策与法治建设的有利因素

我国经过多年的经验总结所确立的完善体育经济政策的目标是：根据国家经济发展和社会进步的总体规划，按照体育事业改革与发展的目标，逐步加大政府财政投入的力度，调整资源配置方式，完善财政投入体制；积极开发体育经济资源，培育体育市场，发展体育产业，建立体育事业自我发展的补偿机制；运用政策手段引导社会消费，调动社会各方面办体育的积极性，形成以社会集资为主、政府拨款为辅，中央与地方分级管理、国家与社会共同筹办的格局。体育经济政策目标的确立，标志着我们对体育产业及其发展规律的认识正在由局部到全面、由浅层向深入。随着社会主义市场经济体制的建立，体育社会化、产业化进程的加快，体育管理体制、体育机构运作机制、体育的行为主体和利益主体都发生了很大变化。在这一过程中我国投入了大量的人力和物力，进行了大量的考察和调研工作，也提出了一系列有利于体育改革和发展的基本政策与思路，这些为我国体育的改革与发展创造了必要的基础和条件。我们必须肯定国家在体育政策的研究和制定方面取得的成绩，一系列有关体育产

业政策及相应法制文件的制定，为我国竞技体育无形资产的开发利用提供了保障和前提。

《1995—2010年体育产业发展纲要》（以下简称《纲要》）明确指出：发展体育产业是适应社会主义市场经济体制的需要，是推进改革、增强自我发展能力的一项重大战略措施；加快体育产业的发展有利于深化体育改革和转换机制；有利于拓展体育事业发展的经费渠道；对于满足日益增长的社会体育需求和增强体育事业发展的活力，保证全民健身计划和奥运争光计划的实现都具有重要意义。这段话整体地概括了我国发展体育产业目标的多重性，是以纲要的形式指出我国未来体育产业发展的基本方向，也反映出我们对发展体育产业的认识已经达到了很高的水平和层次，说明了发展体育产业对体育事业、国民经济及整个社会发展的重要意义。

《纲要》中有较大篇幅是专门阐述竞技体育无形资产的政策和措施的，此外，其他的很多内容也都涉及竞技体育无形资产的问题或者有着某种关系。《纲要》是我国未来体育产业发展的纲领性政策文件，而有关竞技体育无形资产经营开发的阐述占有较大的比重和篇幅，说明竞技体育无形资产开发对整个体育产业发展具有重要意义。《纲要》的出台明确了我国体育事业向产业化发展的基本方向，这是我国体育事业继续向前推进的总的方针政策。竞技体育无形资产作为体育产业开发的重要内容在政策上和法规上都做出了相应的规定，除了《纲要》中对竞技体育无形资产的内容加以肯定，对经营开发加以引导和强化外，国家体育总局在体育经济政策的系列研究中还专门进行了“关于体育无形资产开发利用政策研究”“建立全国体育彩票发行制度的政策研究”，此外在体育市场研究、国外体育经济政策研究、公共体育场馆经济政策研究等中，都涉及竞技体育无形资产的问题。体育行业作为非物质生产部门，不从事物质资料的生产，但作为一项深受社会关注和群众喜爱的社会公益活动的组织者，有着良好的声誉和巨大的影响力，体育过程拥有大量的无形获利因素，这种无形资源有着丰富的资产价值和广阔的开发前景。在推动体育产业化发展的过程中，加强对竞技体育无形资产的研究，制定相应的政策和措施，推动竞技体育无形资产的经营开发，对加快我国体育事业的发展具有重要的意义。政府在对竞技体育无形资产的经营和创收的利税方面也根据国外的经验，采取了优惠的政策和措施，并制定了相关的规定。在法律法规建设方面，《体育法》中明确对竞技体育无形资产按照国家有关规定予以保护，还出台了关于体育无形资产的管理办法、社会赞助体育事业的管理办法和关于体育彩票发行的管理办法。

## 三、我国体育经济政策与法治建设的不利因素

我国目前在有关竞技体育无形资产的政策导向和法规建设方面，还存在很多的不足，亟待弥补和完善。例如，我国体育赛事电视转播权的归属和权限问题、利益分配问题，在政策措施上应该采取向市场方向引导，也要制定具体的法律或行业法规；再如不同无形资产项目的法律归属方面，需要按照一定的产权方式对无形资产加以保护，以在具体的经营运作和权益处理过程中，都能够根据确凿的法律依据来维护无形资产拥有者的合法经营权力和利益；又如无形资产的所有权界定和价格确定的问题，我国很多竞技体育无形资产项目都没有按照法律归属进行细分和对号入座，这样很容易造成经营过程的漏洞或滥用无形资产的现象，像大型运动会的标志是属于商标权还是特殊专用标志等还没有明确。体育产业及竞技体育无形资产的发展，需要通过加快体育市场的立法进程来推动体育产业健康、有序和规范地发展，竞技体育无形资产的发展离不开法治的保障，否则就会影响到竞技体育无形资产的开发及体育产业化发展的进程，所以，各级体育行政部门要根据体育事业发展和体育市场的现实情况，把立法工作作为体育产业发展的核心问题来抓，同时也必须深入调查和科学论证，以提高依法管理的科学性和权威性。我们必须承认，现行的体育经济政策还存在不配套、不规范、不稳定的问题，有的覆盖面窄，有的可操作性差，从而弱化了对体育事业改革与发展的保障作用。

## 第五节 小 结

本章是对竞技体育无形资产发展各个利弊因素及其各自利弊关系的分析，是制定发展战略的必要前提。因素主要包括四个方面，其一是国际国内政治经济环境条件及其利弊因素分析，这是从整体、宏观的角度来研究、分析和判断相对微观事物的发展问题，结果表明，未来国际国内的政治经济环境有利于我国竞技体育无形资产的发展，虽然存在一些不利因素和竞争，但总体的高速发展趋势是一种必然。其二是我国体育产业发展与体育市场运作状况及其利弊因素分析，这是从最直接的外部环境角度来分析和判断我国竞技体育无形资产未来的发展。虽然处在新事物诞生的变革时期，必然会存在诸多不利的因素，但从整体看，我国体育产业的未来发展和市场环境完全能够支撑我国竞技体育无形资产的高速发展。其三是我国体育管理体制改革状况的利弊分析，这是从体制和宏观管理运作的角度来分析竞技体育无形资产的发展问题。目前我国所进行体育管理体制的改革在某种意义上达到了改革的目的，但改革过程中存在的很多弊端不利于竞技体育无形资产的发展，这需要尽快得到改善和解决。其四是我国体育经济政策与法治建设及其利弊因素分析，这是通过对我国改革开放及体育产业化改革以来我国体育经济政策发展的阐述，引申到竞技体育无形资产的相关政策和法规问题的利弊，说明有关竞技体育无形资产的政策研究和法治建设的重要意义。

# 第四章　竞技体育无形资产发展战略

竞技体育无形资产发展战略是全书的核心和主干，是用发展战略理论规划和阐述竞技体育无形资产的发展问题。发展战略的基本概念及基本理论的精要阐述前文已经做了铺垫，已知战略要素是任何一种类型和层次发展战略都必须具备的基本内涵，竞技体育无形资产发展战略研究同样需要围绕要素展开。基本的战略要素包括战略指导思想、战略目标、战略重点、战略阶段和战略对策五个方面。在五项战略要素中，战略指导思想是整个战略决策的灵魂，战略目标是核心，战略对策是实现战略目标的手段，战略重点和战略阶段也是战略对策，因其具有独立的意义，所以和战略对策并列为战略要素。一项发展战略的制定，战略要素内容的确定决定战略的性质和形式，如果一个发展战略的基本要素改变了，特别是战略指导思想和战略目标改变了，那么战略的性质也就改变了。所以研究战略要素是研究整个发展战略的核心，制定发展战略就是确定各个战略要素的内容，战略决策实际上也就是对战略要素的选择和确定。我国竞技体育无形资产发展战略的制定需要依据发展战略理论的一般要求，围绕以上所述五个方面的要素，对每一个要素的内容进行全面、客观和准确的描述。前文对竞技体育无形资产发展内外环境及利弊因素的分析是必要的前提，而作为发展战略研究还需要对要素的描述做深入和细致的分析，如此才能充分地展现我国竞技体育无形资产的发展蓝图。

## 第一节　竞技体育无形资产发展战略的指导思想

竞技体育无形资产发展战略指导思想的确定，要在全面考察竞技体育无形资产发展各种相关因素的同时，把发展过程必须注意的问题和遵守的原则以纲要的形式提出，从而作为我们发展竞技体育无形资产的基本出发点和行为准则，以使我们在实际工作中能够树立正确的思想而不会偏离方向。战略指导思想是发展战略的总纲，是确定战略目标、战略重点、战略阶段和战略对策的依据。

### 一、战略指导思想的内容

依据对国际国内政治经济环境和各种因素的系统分析，以及对我国体育产业发展和体育市场运作状况及有关体育经济政策和竞技体育无形资产的政策法规情况的分析，在对未来的体育产业发展趋势做出全面和科学判断的基础上，确定我国竞技体育无形资产发展的总体战略指导思想是：从我国竞技体育无形资产的内外发展环境和发展潜力的实际出发，抓住国家经济体制改革和体育产业化改革的历史机遇；以有利于国家整体的经济和社会发展为基本的出发点，按照体育产业化发展的基本方向和要求；充分利用竞技体育涉及面广、影响面大的特点，利用其无形资产所具有的商业价值和经济价值及社会的普遍认同性；总结历史的经验，认清目前所处的落后状况并预测未来发展过程的艰难，积极学习和吸取国外先进的经营和管理经验，发扬锐意进取、奋发图强的精神；跟上国际和时代的发展潮流，以及经济社会发展之所需，使其能够和整个国民经济的发展协调配合，在体育事业的发展过程中发挥重要的经济支撑作用。

### 二、战略指导思想内容阐述的分析

战略指导思想的确立不是简单的文字阐述，要确实能够对竞技体育无形资产的发展起到指引和导航的作用，所以必须深刻揭示竞技体育无形资产发展的规律，反映发展要素之间的内在联系和相互关系，要符合竞技体育无形资产发展的需要，同时还要让大家相信这一战略指导思想的正确性。对此要对所阐述的战略指导思想内容加以说明。

**1. 从我国竞技体育无形资产的内外发展环境和发展潜力的实际出发，抓住国家经济体制改革和体育产业化改革的历史机遇**

这句话阐述的是发展我国竞技体育无形资产的一个大的前提。这里所说的发展环境包括了国际国内政治经济、我国体育产业及竞技体育无形资产开发与经营运作的整个内外环境；发展潜力是指我国竞技体育无形资产发展所具备的一切条件和可能。不对这种发展环境和发展潜力进行充分的考察和研究，不能从这种基本前提的实际出发，也就失去了发展的根基。抓住机遇主要是指在现有整体的大环境和背景下发展竞技体育无形资产，必须抓住和利用两个有利条件，就是我国的市场经济体制改革和体育产业化改革，这两个条件不仅是我国经济发展和体育事业发展的必要条件，也为竞技体育无形资产的发展创造了经济环境、政策环境和市场环境，这是一个非常好的发展起点，不抓住或推迟这一发展的机会，不仅会造成资源和财富的浪费，也会给未来的发展造成困难。

**2. 以有利于国家整体的经济和社会发展为基本的出发点，遵循体育产业化发展的基本方向和要求**

这句话反映的是发展我国竞技体育无形资产的总的原则和出发点。要把竞技体育无形资产的发展看作整个国家及体育事业发展的一个组成部分，在整个经济社会协调发展过程中，局部利益必须服从国家的整体利益，低层次的发展战略必须服从国家的整体经济社会发展战略。而且要求是在顺应和符合体育事业产业化发展的前提下，即发展竞技体育无形资产不能为发展而发展，这个发展过程不仅要符合国家整体经济发展的需要，还必须以有利于体育产业发展、有利于加快体育产业化进程为基本的出发点，违背以上的原则和方向，就是和我们确立的战略指导思想相背离。

**3．充分利用竞技体育涉及面广、影响面大的特点，利用其无形资产所具有的商业价值和经济价值及社会的普遍认同性**

这句话是从竞技体育的特点和竞技体育无形资产的属性来阐述发展战略的基本原则。因为社会存在的客观现实使竞技体育无形资产有着巨大的商业价值和经济价值，这种价值主要是缘于竞技体育具有涉及面广和影响面大的特点，只有结合现实的社会需要充分认识和利用这一特点，特别是利用企业家、工商界人士及社会民众对竞技体育无形资产的普遍认同心理，加大对竞技体育无形资产开发利用的投入力度，才能使其在市场经济运作过程中发挥特有的作用，充分体现其经济价值。所以我们不能把发展竞技体育无形资产仅仅停留在理论上和口号上，还必须在加强研究和认识的基础上，加大在这方面的人力、物力和财力的投入，加强实践开发工作，达到认识、实践与收获的统一。

**4．总结历史的经验，认清目前所处的落后状况并预测未来发展过程的艰难，积极学习和吸取国外先进的经营和管理经验，发扬锐意进取、奋发图强的精神**

这句话要求我们认清我国竞技体育无形资产发展的过程，认清目前的发展还仅仅处于起步阶段，在整体上与发达国家相比还存在巨大的差距，而且未来发展的历程也必将面临困难和挑战。在承认现实和接受挑战的同时，我们还有一个必要的横向的学习和吸收的过程，这就是要以积极的态度努力学习和利用发达国家行之有效的先进经验，把一切先进的思想和方法掌握在手。任何一项事业的发展都需要对其现状有一个充分的认识过程，在此基础上再确立一个切实可行的奋斗目标，而且在向目标前进的过程中，需要有一种精神的支持，需要扎扎实实地从一点一滴做起，把每个环节的每一项工作做好，这就要求我们必须有锐意进取、奋发图强的精神，只有这样，才能达到预期的目标。

**5．跟上国际和时代的发展潮流，以及经济社会发展之所需，使其能够和整个国民经济的发展协调配合，在体育事业的发展过程中发挥重要的经济支撑作用**

这句话要求我们在认清形势、把握原则、积极学习和发奋进取的同时，更要注意国际的发展动态，跟上新时代的发展潮流。这是国际经济一体化的要求，也是根据现代经济社会发展和体育事业发展的特点提出的。现代社会正在趋向发展的同化，我们在努力发展自己事业的同时，必须高度重视并观察国际社会的发展动态，融入国际的发展潮流之中，因为体育产业和竞技体育无形资产的开发经营随时都会产生新的内容和方法，也会有新的发展信息和机会，脱离了国际和时代的发展潮流，就无法达到真正的发展。而且竞技体育无形资产的发展依赖经济社会的发展，依赖经济社会的需要，所以竞技体育无形资产的开发利用需要与国民经济运作协调配合，使其融入现代经济社会运作过程中，这样才能发挥其对国民经济运作和商业开发的润滑作用，使其开发者从中获得应有的经济利益，奠定竞技体育无形资产在体育事业的发展过程中重要的经济支撑作用。

## 第二节　竞技体育无形资产发展的战略目标

我国竞技体育无形资产的发展需要以现代社会发展和时代进步为依托，以经济体制改革和体育产业化发展为前提，以体育市场和体育产业的发展及相关的经济政策为依据，以促进社会进步和我国体育事业发展为宗旨。发展过程要充分利用和调动一切积极因素和有利条件，使竞技体育无形资产能够为投资者和国家创造巨大经济效益。但是所有这一切都需要我们确定一个总的战略目标，就是要从我国的实际情况出发，有步骤地把我国的竞技体育无形资产的开发利用水平推向新的高度。

## 一、战略目标的内容

战略目标是我国竞技体育无形资产发展的方向指引，战略目标是所有有关政策制定、措施采纳和工作实施的前进方向和动力。战略目标不允许有偏差和疏漏，必须是一个全面、细致和准确的目标体系。2001—2020年我国竞技体育无形资产发展的战略目标是：建立与社会主义市场经济体制相适应，与现代化体育产业体系相匹配的竞技体育无形资产经营管理运作体制和政策法规体系，使开发经营活动与国际全面接轨，并使其发展趋于稳定和成熟；形成参与国际竞争的实力，开发的份额能够在国际上占有相当的比重，总的产值额能够居于世界的前列，达到与整个国家的经济发展和工业化进程的同步；作为本体产业开发的重要内容在体育产业的总产值中能够占有百分之二十以上的比例，成为体育产业发展的重要支柱；能够独立和成熟地运作国际顶级竞技体育赛事无形资产，并利用各种国际体育赛事的竞技体育无形资产经营促进其开发的广度和深度，使国家整体的经营开发实力居于国际领先地位。

## 二、战略目标内容阐述的分析

竞技体育无形资产发展的战略目标虽然是分成四个层面阐述的，但仍然显得笼统、粗线条，缺乏细分的层次。为了使发展过程及其最终目标得以全面地呈现，以下把战略目标做层次和阶段性细分，同时对一些具体的指标和要求加以说明。

### （一）管理体制与运作机制及相关政策与法规的目标

尽快建立健全完善的竞技体育无形资产经营管理体制和开发运作的机制，并建立相对完善的相关政策和法规体系，使竞技体育无形资产的经营开发在宏观上能够得到体制的保证和政策的支持，在微观上能够有良性的运作机制和法律上的约束与监督。这一目标并不是整个战略周期最终实现的目标，而是要尽快解决的问题，是整体战略目标能否实现的一个关键性的问题，所以这一目标要在3~5年内初步实现，并要在整体战略目标的实现过程中不断地完善管理体制和运作机制，不断完善有关的政策和法规。

### （二）市场体系建设的目标

形成完整的竞技体育无形资产的市场体系，使其能够在不同项目、不同地区得到全面的开发，成为我国体育本体市场的重要组成部分。我国的体育市场开发仅仅处在起步阶段，存在结构不合理、发展不均衡等一系列问题，体育本体市场，特别是体育无形资产的市场开发是非常薄弱的环节，要在全国范围内形成布局合理、结构优化、发展协调的竞技体育无形资产市场，需要在完善管理体制和运作机制及建立健全法治的基础上，经过一个相当长的过程。

### （三）产值指标统计体系及经营开发评估标准与方法的目标

建立比较完善的产值指标统计体系及经营开发评估标准与方法，形成稳定优良的产业经营和市场运作环境。目前，我国体育产业产值的指标体系正在建立和完善，体育产业的产值将纳入国内生产总值（GDP）的计算内容之列，竞技体育无形资产作为体育产业的重要内容，需要有一个产值指标统计体系，而且竞技体育无形资产本身的经营运作也需要产值的计算和预测。而评估标准与方法，对各种不同的竞技体育无形资产在市场上价格的定位有着指导作用，更是其经营开发过程所必须解决的问题。只有管理、运作、政策、法规及产值统计和价格评估等各方面齐备的优良系统环境，才能形成稳定和良好的市场氛围，而产值指标体系和评估的方法也需要竞技体育无形资产市场的发展和成熟。我们需要用3~5年的时间努力初步建立起这种产值指标统计体系及经营开发评估标准与方法。

### （四）具有经营开发实力的体育企业、社团和中介公司培育的目标

造就和培育一批具有大规模经营开发竞技体育无形资产实力的体育企业、社团和中介公司，并能够初步参与国际竞争，在竞争中处于有利的位置。未来我国竞技体育无形资产开发的主体主要是体育企业、社团和中介公司，这些主

体的发展和壮大，除了其自身参与市场竞争并不断在竞争中成长之外，国家对这些主体的管理和引导，甚至必要的政策倾斜也是非常重要的。只有产生一批真正具有经济实力和经营运作能力的开发主体，竞技体育无形资产的发展才有了前提和可能，才有资格和实力在一体化的国际市场上参与竞争。当然在整个竞技体育无形资产的开发过程中，应当始终注意依法进行经营运作，注意按照国际惯例努力地与国际接轨，而不至于在国际竞争中居于劣势。这样一批实体的培育和成长需要10~15年，甚至更长的时间。

### （五）经营管理人才培养的目标

培养一批业务熟练、具有开拓进取精神的竞技体育无形资产的经营管理人才，使他们能够在这项事业的发展过程中担起领导职责和历史使命。现代的社会竞争在于人才的竞争，我国竞技体育无形资产发展的关键在于经营管理人才的培养和造就，各种开发实体经营与发展得如何，最终取决于人才的选拔与任用，所以培养人才并促成他们在一线的经营开发中发挥作用，这是事业发展的关键。人才的造就一方面是在产业开发和市场竞争中涌现，这是市场经济体制自发培养人才的渠道；另一方面是通过行政领导部门的任用或一定机制的选拔，这需要有公平合理的人才录用体制。人才的培养也是一个复杂的工程，单靠某一方面的努力或短时间的行为是不能完成的，我们必须以不懈的努力和长期的投入把这一人才队伍建设好。

### （六）对比GDP与体育产业产值的增长速度目标

竞技体育无形资产的发展是随着国家经济和体育产业的发展而发展的，作为体育产业的组成部分，其总体目标的实现需要体现在每一年的增长速度上，这一增长速度和国民经济与体育产业产值的增长有一定的依附关系。目前我国竞技体育无形资产的产值增长落后于国民经济和体育产业产值的增长，而要真正发展我国的竞技体育无形资产就需要在增长速度上有一定的突破和超越，确定这一增长速度是根据对其发展的现实可能性的分析而提出的，也只有达到这样的增长速度，才能体现出竞技体育无形资产的价值，才能成为体育产业发展的重要支柱。

### （七）产值占体育产业产值百分比的目标

作为体育本体产业的基本内容之一，竞技体育无形资产的产值能够在国内体育产业的总产值中占有20%以上的比重，保证与整个体育产业的协调发展。但目前我国体育产业的发展还存在产业结构不合理的问题，本体产业开发的比例比较小，未能形成体育产业的支柱，这阻碍了体育产业的发展，也不利于参与国际体育产业的竞争，其中竞技体育无形资产的开发也存在规模小、开发力度不够的问题，这事实上也是一种资源和财富的浪费，所以发展体育产业需要重视本体产业的开发，特别是具有开发潜力的无形资产。只有本体产业的比重得到大幅度的提高，才能保证体育产业的协调发展。

### （八）产值在世界上排位的目标

要使竞技体育无形资产的产值在世界上占据前列，使其能够在整个国民经济的发展和运作过程中发挥重要的作用。这是衡量一个国家竞技体育无形资产开发实力及其在国家经济发展中作用的指标，我们发展竞技体育无形资产必须瞄准世界的领先位置，达到和国家经济与体育产业发展的同步，整体产值的水平是国家综合实力的体现，这是我们首先要做到的。很多国家的竞技体育无形资产开发已经成为国民经济发展的一项重要内容，不仅在产值上占有可观的比值，而且对国家的经济运作和第三产业的整体发展都发挥着不可替代的作用。我国的竞技体育在世界上有着很高的地位，而且得到国际国内各界人士的认可和重视，竞技体育无形资产的发展有着巨大的潜力，所以竞技体育无形资产的发展也必须逐渐与整个国民经济的发展和运作相融合，不断地提高其在经济发展过程中的作用。

## 三、实现战略目标的可行性分析

根据我国国民经济和体育产业发展的整体趋势及国际体育产业和竞技体育无形资产的发展经验，只要我们有正确的战略指导思想和方针政策，利用一切有利因素，达到我国竞技体育无形资产发展的战略目标是完全现实和可能的。除了前文已经阐述和分析的基本背景和国内外有利因素外，实现战略目标的可行性还可以细致分析如下。

### （一）从我国经济增长的预测及其与体育产业的关系分析

根据美国经济学家罗斯托提出的经济成长理论，人类社会发展分为六个阶段,即传统社会、为起飞创造前提阶段、起飞阶段、成熟阶段、高额群众消费阶段、追求生活质量阶段。其中最关键的是起飞阶段和追求生活质量阶段，起飞阶段相当于国家工业化的初期，是一个具有决定意义的转变时期，将保持20~30年的高速经济增长，并使基本经济结构和生产方式发生剧烈变动。在经过较长时期的经济持续增长后，人们已经吸收了技术的先进成果，并能生产自己想要的产品，这时便进入成熟阶段。随着技术的成熟，社会的主要注意力从供给转移到需求，从生产转移到消费，越来越多的资源被用于生产高额耐用消费品（如汽车），居民家庭对耐用消费品的购买保证了经济繁荣，这时经济成长便进入了高额群众消费阶段。随着高额耐用消费品的普及，其效用会不断递减，人们的收入将不再放到追求耐用消费品方面，而会更多地倾注于教育、休闲、健身和旅游等方面，这时便进入追求生活质量阶段。根据这一理论，国内经济学家普遍认为，中国经济目前尚处在成熟阶段向高额群众消费阶段的过渡阶段。按照罗氏理论，我国经济在今后相当长的时期内完全有可能保持高速的增长，这一点从我国GDP增长的统计预测数据可以得到比较充分的反映。

因为任何国家体育产业及竞技体育无形资产的发展都是以社会和经济的发展为基础和前提的，而且两者是紧密相连的，即社会和经济的发展必然会带动体育产业和竞技体育无形资产的发展，而后者的发展也会给前者以一定的促进和推动作用。从我国的经济发展预测及此战略周期的经济发展速度，可以确认我国的经济实力完全有能力支撑体育产业及竞技体育无形资产的进一步快速发展。而且根据一般经济增长速度和体育产业及竞技体育无形资产产值的增长速度关系，我国竞技体育无形资产的发展会在此战略周期内有一个更快的速度。

### （二）从我国产业结构调整和体育产业发展状况分析

我国在具体的产业政策方面，已经开始了产业结构的调整，未来产业的发展将更重视产业质量的提高和技术含量的增加，第三产业将在我国得到大力发展，这是国际经济发展经验给我们的启示，也是我国经济发展的必由之路。体育产业作为第三产业的组成部分，客观上要求必须把体育产业的发展融入整个经济发展的大潮之中。随着我国整体国民经济的发展，只要我们注意方针政策的研究，虚心学习先进的经营管理经验，加大对体育产业开发投入的力度，体育产业及竞技体育无形资产必然会出现快速发展的良好势头。我国未来经济的良好发展势头为体育产业及竞技体育无形资产发展创造了必要的前提和基础，而我国体育产业化发展政策的实施符合体育事业发展的规律，也符合我国目前的实际国情，由此我国的体育产业才得以在短时间内迅速地发展起来。但目前我国体育产业的发展整体上仍落后于国民经济的发展，这一方面说明我国的体育产业发展得还不够，还需要下大力气把它推向新的高度；另一方面也说明我国的体育产业还存在巨大的发展潜力。这也正是我们发展体育产业及竞技体育无形资产的一大优势。

### （三）从我国所处的经济和体育产业发展阶段及收入结构分析

根据我国经济和体育产业的整体发展情况，我们可以对它们所处的发展阶段做出基本的判断，如图4–1所示（该图引自鲍明晓《我国体育市场投资前景分析》一文）。

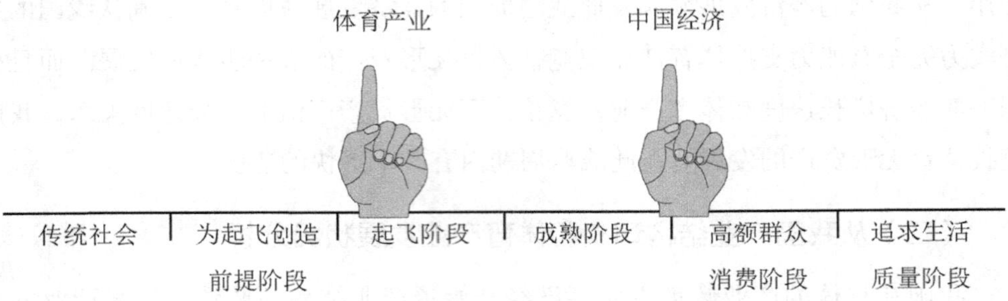


**图4-1　我国经济和体育产业发展所处阶段示意图**

目前我国体育产业的整体发展水平要落后于整体经济的发展水平，这是因为我国的经济发展起步相对较早，已经具有一定的规模和相当的基础，而体育产业化起步较晚，国民经济现时对这样一个新兴产业的拉动力和支撑力还不够，体育产业在规模、结构、质量和效益等方面自然落后于整体的经济发展水平。根据一些发达国家体育产业发展的历程而得出的经验，体育产业真正的大发展需要等到国家的经济整体上进入追求生活质量阶段之后才能实现。但是，经济和体育产业的发展有一定的规律，也存在诸多的特殊性，我国的体育产业及竞技体育无形资产开发是在经济发展水平相对较低的情况下起步的，而事实证明我们取得了非常成功的业绩，而且可以预测其发展潜力巨大，发展前景广阔。

结合前文罗斯托社会六个阶段的发展理论，分析我国体育产业能够在经济发展水平相对较低的情况下起步并顺利发展的原因，很大程度上是因为我国目前国民收入结构中存在着一个“二八”现象，即拥有居民存款总量的80%的20%的人，已率先进入追求生活质量阶段，他们所拥有的货币支付能力和巨大的消费能力是拉动我国体育产业起飞的重要力量。而随着我国经济的进一步发展，国民收入结构会随之得到改善，进入追求生活质量阶段的人的比重会越来越大，我国体育产业及竞技体育无形资产发展的路也会越走越宽。

### （四）从我国竞技体育无形资产的资源储备及开发情况分析

竞技体育无形资产作为体育产业开发的重要内容，还需要从其自身因素来进行分析，在竞技体育无形资产对社会经济的作用方面，前文已经做了比较详细的阐述，在此仅就其资源储备情况来加以说明。我国拥有丰富的竞技体育无形资产资源储备，这一点可以从我国多年以来对竞技体育的重视和投入、在众多国际赛场上取得的成绩及我国民众对竞技体育的喜爱程度上得到印证。我国政府一直以来非常重视竞技体育对于振奋民族精神、扩大国际影响和促进国际交流的作用，所以长期以来竞技体育一直是我国体育整体发展战略的重要和核心的内容，在党和政府的重视下，也在体育界人士的共同努力下，我国竞技体育发展迅速，在世界体坛已经拥有一大批优势项目，整体实力处在国际体坛的前列。目前我国拥有一批具有国际影响的优秀运动员和运动队。在我国，各级各类竞技体育赛事备受商家和企业的关注，已经成为重要的商业信息载体；国内优秀运动员和运动队的形象具有良好的广告效应和商业价值；很多体育赛事和体育组织都成为企业和商家争相赞助的对象；我国的电视转播权的经营已经初步走向市场，可以说在我国蕴藏的竞技体育无形资产资源储备会越来越充分地得到开发和利用。从我国广大民众对竞技体育的喜爱和商家、企业对竞技体育的认可，以及我国社会稳定、经济持续快速发展形势，更可以肯定我国的竞技体育无形资产发展有着巨大的潜力和广阔的前景。

### （五）从我国经济增长的总量情况分析

按照一个国家经济整体发展水平与体育产业发展关系的一般规律，随着经济的发展和人民生活水平的提高，体育产业必然会相应地得到发展。未来我国经济的持续快速增长是有着充分的可能和依据的：一是我国已经积累了丰富的经济建设经验，并且体制在不断完善，社会环境安全和稳定；二是我国已经积累了相当雄厚的物质技术基础，并有较高的积累率做保证；三是目前我国所处的发展阶段具有的独特性，这就是工业结构转轨时期，以及不平衡的地区结构和日益释放出来的市场潜力；四是我国是发展中国家，享有特有的后发效应。而且我国还根据国际上发达国家的发展经验和对国内经济发展潜力的现实考察，制定了我国经济社会整体的发展战略规划，规划的战略目标是到2050年我国将全面实现现代化。这一切预示着我国下一步的经济增长潜力是巨大的，实现经济总量的突破是现实和可能的。所以，从总体经济发展对于体育产业和竞技体育无形资产发展的决定性作用，以及国家整体经济发展水平和体育产业发展关系的一般规律分析，我国经济发展之后的体育产业和竞技体育无形资产发展将会有一个更快的速度，在国际上居于前列是完全可能的。

### （六）从国外竞技体育无形资产的发展历程分析

虽然很多国家体育产业开发的时间较早，但竞技体育无形资产开发的历史并不长。从部分国家体育产业和竞技体育无形资产的发展历程看，美国在20世纪60年代以前一直被认为是以“保持体育运动的纯洁性”为体育运动的主要特征。从60年代开始，美国的体育产业才有了较大的发展，到80年代初，美国的竞技体育产业的总收入约30亿美元，而到90年代中期已经突破了70亿美元，这说明美国体育产业的高速发展是从80年代开始的，而竞技体育无形资产的全面开发也是从80年代开始的。美国体育产业起步是在较高的经济发展水平上，具备得天独厚的发展环境和条件，我国虽然经济发展水平相对落后，但也具有我们的优势和有利条件。重要的是我们可以学习和吸收他们的发展经验，使体育产业和竞技体育无形资产有一个大的发展。日本是从50年代开始经济的迅速增长，体育产业的发展也随之加快，以1964年东京奥运会为契机，日本体育产业的发展进入了一个新的阶段。但日本体育产业规模的迅速扩大还是在80年代以后，到90年代中期达到鼎盛时期，之后受日本经济整体衰退的影响，总体规模呈下降的趋势，竞技体育无形资产的开发利用也基本是随着体育产业的兴衰而有所起伏。从美国和日本及一些经济发达国家的体育产业和竞技体育无形资产的发展过程看，它们都经历了一个不长的周期，而且过程并不复杂，都是以经济发展为主要依托，随经济发展的起伏而波动，也都有我们值得学习和借鉴的经验。

## （七）从我国竞技体育无形资产发展的软环境基础分析

在以和平与发展为主旋律的国际环境下，保持政治和经济环境的稳定，并在稳定中求得发展是我们的必然选择。我国市场经济体制的建立及加入WTO，加快了我们和国际接轨的步伐，我们还制定和实施了一系列适应市场经济体制的政策和法规。这是现实社会发展的要求，这一切也给我国竞技体育无形资产发展创造了良好的社会环境。我国的体育产业和竞技体育无形资产的发展也面临着政策、法治、产值统计和市场评估等一系列问题。我国在经济社会发展方面已经确定了明确的战略目标和战略步骤，在体育产业发展方面也确定了明确的方向和目标。本研究根据我国竞技体育无形资产发展的现实可能，初步设定了20年的规划目标，这是体育事业改革和发展的需要，也是体育事业发展适应整个经济社会发展的要求。和经济社会发展一样，竞技体育无形资产发展也需要方针政策的明确，需要建立完善的体育市场环境及与GDP统计相统一、产业评估相一致的产值指标统计体系及经营开发评估标准与方法。我国改革开放以来，特别是确定建立社会主义市场经济体制以来，我国在经济体制改革、政策研究和法治建设方面及在诸多领域都取得了卓越的成就，在宏观上的一系列改革和建设，为我国各个领域的改革和建设开辟了道路，也积累了经验。所以从现实可能性的角度分析，在3~5年的时间建立起有关我国竞技体育无形资产的管理运作体系、政策法规体系、产值指标体系及评估标准方法体系是完全可能的。这一切要求我们必须在软环境方面做好充分的准备，这个准备过程也是我国社会主义市场经济体系不断完备的过程，也可以为各行各业的软环境建设打下基础。事实上我国竞技体育无形资产发展的各项软环境指标就是以国家整体的市场经济体系的建立为基础和前提，是国家政策法规和GDP统计在体育产业领域的延伸，所以，竞技体育无形资产领域的软环境建设，是在国家市场经济体系逐渐形成和完善的过程中与其同步进行的，因此，我们把这类软环境指标的实现定在3~5年的时间是完全可能的。

## 第三节　竞技体育无形资产发展的战略重点

战略重点是指对实现战略目标具有关键意义，而目前发展具有优势或比较薄弱、需要特别加强的工作环节。在整体的发展战略方案中不仅要明确战略重点，而且应当说明确定战略重点的依据。本研究的竞技体育无形资产发展战略周期跨越20年，这20年是我国全面向现代化强国冲刺的开始阶段，这一过程中我国的社会发展将完成由农业国向工业国的转变，继而开始由工业化向现代化的转变，并将基本完成由计划经济向社会主义市场经济的过渡。这一时期国家的整体发展既有全面、高速向现代化推进的特征，又有打基础和过渡的特点，所以我国体育产业及竞技体育无形资产发展也需要在整个国家经济发展的大环境下，找出自己在这一发展时期中重要的、带有关键性的问题，使战略重点的确定能充分反映这一时期战略目标的依托所在。由于影响竞技体育无形资产发展的变量和环节较多，不同发展阶段的战略重点也会有所不同，根据我国竞技体育无形资产发展的现实基础和基本条件及整体战略目标等的综合考量，按照现实可行性、可操作性和可连续性的原则，从20年战略周期的时间跨度和整体发展的综合需要出发，本研究确认以下三个方面为整个战略周期的战略重点：相关政策研究和法治建设、竞技体育组织和竞赛活动的无形资产开发及中西部地区的竞技体育无形资产开发。

### 一、相关政策研究和法治建设

一个国家竞技体育无形资产的发展，除了和国家经济发展水平有着密切的关系，与政策的制定和法治的健全存在着高度的相关性。即使在经济发达的国家，如果没有切实可行方针政策的实施和行之有效的法律规章的建立，竞技体育无形资产开发也会缺乏前进的动力和利益保证。特别是我国目前在政策研究和法规建设方面还存在漏洞和不足，所以不管是从现实需要的角度，还是从长远发展的角度，都需要重视这方面的工作。因此在我国现阶段发展竞技体育无形资产必须把政策研究和法治建设置于突出重要的位置。我国体育产业和竞技体育无形资产开发处于起步阶段，方针政策的制定是吸引企业投入和吸引人才参与的基本手段，而法律法规的建设是规范进行开发运作的基本保证，特别是我国未来面对的是一体化的国际市场，确定正确的政策和建立完善的法治是参与国际竞争的基本条件，我国竞技体育无形资产发展要后来居上，没有优良的政策环境和强有力的法治保证就无从谈起。所以，要实现我国竞技体育无形资产发展的战略目标，必须始终把政策研究和法治建设作为战略重点贯穿于整个发展周期的全过程。

### （一）政策研究和法治建设的保障作用

制定科学、合理的政策是拉动竞技体育无形资产发展的动力，建立健全的法律规章是竞技体育无形资产经营运作的基本保障。我国从20世纪80年代开始到21世纪初的体育产业和竞技体育无形资产的发展，始终是在国家体育产业政策的引导下进行的，可以说政策在我国竞技体育无形资产发展过程中起着动力和支撑的作用，没有国家根据经济社会发展的需要制定出的一系列相关政策，竞技体育无形资产开发就无从谈起。竞技体育无形资产开发作为一种商业活动，法律规章的建立健全是必要条件，特别是在市场经济环境下开展经济活动，更需要有一个所有参与者共同遵守的“游戏规则”，来维护每一个竞技体育无形资产经营者合理合法的经济利益，这就需要建立健全的相关法律规章。

### （二）政策研究和法治建设的支撑作用

战略周期的开始阶段要特别加强政策研究和法治建设工作，要根据现时竞技体育无形资产实际开发的需要，尽快营造优良的政策和法治环境，这对整个战略周期及其后续发展都有着重要的支撑作用。因为到目前为止，我国尚未建立起有关竞技体育无形资产的政策法规体系，存在政策法规方面的漏洞，已经建立的政策和法规无法满足产业发展的需要，如此的状况无法支撑这项事业的顺利和快速的发展。当然政策和法规的出台需要一定的考察和研究的过程，需要综合考察经济社会和体育产业的发展及市场需求情况，但是这些不应当是政策和法规出台的阻碍，我们制定政策法规应当有一定的开拓和进取精神，应当紧跟经济社会和体育改革发展的需要，以在体育产业化发展的过程中发挥重要的支撑作用。

### （三）政策研究和法治建设要适应发展的需要

战略周期的整个过程要自始至终重视政策研究和法治建设工作，要紧跟国际国内的发展形势，不断对已有的政策和法规进行调整和完善，这样才能适应发展的需要。因为现代社会的万事万物都是处在快速的变化和发展过程中，竞技体育无形资产开发的政策和法制条款需要不断地进行完善，要做到这一点，在保持原来行之有效政策法规的同时，还要开拓和创新。一方面需要我们坚持改革开放，借鉴国外的政策和法治方面的成果和做法，另一方面则需要我们根据我国的具体情况，研究和制定适合我们自己的政策和法规。对政策和法规不断调整和完善，也是为了不断适应市场经济发展和国际竞争的需要。

### （四）政策研究和法治建设是适应体制改革和机制转换的需要

重视政策研究与贯彻及加强法治建设与执法，是市场管理体制改革与运作机制转换所必需的，只有这样才能规范竞技体育无形资产的市场开发。现阶段我国的市场管理体制和运作机制处于转轨的过程中，存在着政策难以贯彻、有法不依、执法不严的现象，这已经使我们意识到政策切实可行和法治行之有效的重要性，而做到这些就必须进一步加强政策研究和法治建设。在我国处于机制转换阶段，已经确定的政策和法规得不到贯彻也是一种正常现象，关键是我们要提高认识和加强对所出现问题的研究，加大贯彻和落实政策规章的力度，要采取必要的措施和手段，促成政策和法律规章的有效实施。

## 二、竞技体育组织及竞赛活动的无形资产开发

在目前国际社会的竞技体育无形资产开发领域，因为竞技体育组织和竞赛活动的无形资产内容备受社会关注，商业价值和经济价值得到社会的普遍认

可，而对此投入也都具有立竿见影的效果，所以可供开发的空间越来越广阔，市场价值也越来越大，成为整体竞技体育无形资产开发的主要和核心的内容，这一点无论是过去还是现在都是如此，将来也是无法改变的。因此我国整体的竞技体育无形资产发展战略的设计，把竞技体育组织和竞赛活动的无形资产开发作为战略重点是一种必然。

### （一）是市场需求最旺、市场价值最高、效益最好的内容

竞技体育组织和竞赛活动是无形资产内容的主体或存在形式，是竞技体育无形资产中市场需求最旺、市场价值最高、效益最好的内容。竞技体育组织一般是竞赛活动的领导者和组织者，有的组织又是参加竞赛活动运动员和运动队的拥有者，有着广泛的社会联系和巨大的社会影响，因此其商家名称及组织标志等具有巨大的商业价值，成为无形资产开发的重要内容；竞赛活动，特别是高水平和群众喜闻乐见的运动项目的竞赛活动，目前往往是社会关注的焦点，往往也是商家和企业宣传自己、提高声誉的最好载体，所以其电视转播权、冠名权、各种广告等无形资产成为热销和价值巨大的商品。

### （二）有丰富多样的内容并能够产生巨大的经济效益

竞技体育组织和竞赛活动的无形资产有着丰富的内容，这一点已经在竞技体育无形资产基本理论部分有详细阐述，更重要的是这两样无形资产能够给拥有者和使用者带来巨大的经济效益，比如企业通过赞助和冠名等商业行为提高自身的知名度及达到促销产品的目的。还有体育彩票、体育名人效应和竞技体育场馆租赁，包括体育服装等其他无形资产和体育产业的内容也都与这两种无形资产存在依存关系，所以把它们作为整体竞技体育无形资产发展的核心和战略重点是理所应当的。

### （三）是竞技体育无形资产开发的主要内容

无论是从国际还是从我国竞技体育无形资产开发的实践看，竞技体育组织和竞赛活动的无形资产开发作为主导和主要内容，其产值也占整体大部分的比

例。从长远的竞技体育无形资产开发利用的角度看，竞技体育组织和竞赛活动的无形资产开发需要与其他竞技体育无形资产项目的经营开发达成协调统一的发展。

### （四）是我国举办奥运会开发无形资产的主要内容

把竞技体育组织及竞赛活动的无形资产开发作为整个发展战略的重点，还有一个重要的因素就是必须从我国申办2008年奥运会的整体战略需要出发，申办奥运会作为我国政治经济生活中的一件大事，其中的无形资产开发是奥运会体育产业开发最重要的内容，现在把竞技体育组织和竞赛活动的无形资产开发作为整体竞技体育无形资产开发的战略重点，加大对其投入的力度，可以更好地在开发实践中总结经验，以利于奥运会无形资产开发的一举成功。

## 三、中西部地区的竞技体育无形资产开发

我国体育产业的发展存在严重的不平衡，其中竞技体育无形资产发展水平的不平衡是体育产业开发比较突出的问题。由于中西部地区和东南沿海地区的经济发展水平和竞技体育发展水平的巨大差距，使得对竞技体育无形资产开发的认识也存在较大的差别，在具体的人力、物力投入方面自然会存在不足。这种差距和不足会在相当长的时间存在，甚至会形成两极分化加剧的趋势。从经济发展角度讲，中西部地区由于拥有广阔的地域和潜在经济资源，是我国整体经济发展的重要组成部分，保证东南沿海地区和中西部地区经济的协调发展，是我国整体经济繁荣的重要保证。竞技体育无形资产的发展也一样，只追求局部的发展和繁荣就不能发挥整体的优势，也会造成竞技体育无形资产资源的浪费，而从现实需要出发，大力开发中西部地区的竞技体育无形资产也会促进体育产业及中西部经济的发展。

### （一）是配合我国中西部经济开发战略的需要

发展中西部地区的竞技体育无形资产对该地区体育产业及经济发展具有重

要的意义。体育产业及竞技体育无形资产的发展水平是一个国家和地区经济发展水平的重要标志之一，我国实施中西部经济开发的大战略，就是要使国家整体经济的发展达到均衡，从而缩小不同地区经济发展水平的差距，保持社会的稳定。中西部经济的发展是国家经济整体协调发展的重要前提，而中西部地区的竞技体育无形资产开发作为体育本体产业开发的重要内容，不但是中西部经济开发的组成部分，而且对整个中西部的经济运作也具有促进作用。

### （二）是国家竞技体育无形资产发展的重要组成部分

中西部地区的竞技体育无形资产开发是国家整体竞技体育无形资产发展的重要组成部分。长期以来，我国经济发展的重心在东南沿海地区，这些地区的体育产业和竞技体育无形资产也得到迅速的发展，而中西部地区的经济及体育产业的发展潜力一直没有被充分挖掘出来，如此发展下去，必然会造成两极分化。而作为我国整体竞技体育无形资产发展的组成部分，也就不能和我国整体的经济和体育产业的发展同步，造成发展的严重失衡和巨大的资源浪费。所以我国需要从整体和长远考虑，把中西部的竞技体育无形资产开发作为重要的组成部分，并把它当作发展的战略重点，达到整体的优化发展。

### （三）拥有竞技体育无形资产开发的潜力并大有可为

我国中西部地区蕴藏着巨大的竞技体育无形资产开发的潜力。中西部地区有着丰富的经济资源，这就预示着具有经济发展的潜力，同时也可以说具有体育产业和竞技体育无形资产开发的潜力。就竞技体育无形资产本身来讲，中西部地区有很多地域性的竞技体育传统强项，例如，内蒙古摔跤、新疆足球和四川足球等，很多地区也已经有了大量的竞技体育无形资产开发的业绩，而随着我国中西部经济开发的深入发展及经济的崛起，我国中西部竞技体育无形资产的开发也必然大有可为。

## 第四节　竞技体育无形资产发展的战略阶段划分

根据实现整体战略目标的需要和我们可控制的范围，研究确定发展战略在步骤上可分为三个战略阶段，即打基础和做准备阶段、全面和快速发展阶段及保持全面快速发展阶段。每个战略阶段都遵循竞技体育无形资产发展的一般规律，结合各项利弊因素动态变化的情况，再按照实现整体战略目标的节奏要求，确定各个阶段的发展目标、重点和对策，并注意各阶段目标之间的衔接。

### 一、2001—2005年的打基础和做准备阶段

#### （一）目　标

到2005年的目标是：初步建立比较完备的竞技体育无形资产经营管理体制和开发运作机制，并建立相对完善的政策和法规体系，使开发经营活动基本和国际接轨并使其发展初步趋于稳定和成熟；建立比较完善的产值指标统计体系及经营开发评估标准与方法，形成稳定优良的产业经营和市场运作环境；竞技体育无形资产产值在整个体育产业中所占的比重有明显的提高；培育一批有竞技体育无形资产开发能力和发展前途的体育企业、中介组织和社团，培养和造就相当数量的专业经营管理人才，为我国竞技体育无形资产的全面发展及加入WTO后的国际竞争打下基础和做好准备。实现这一目标的具体指标和基本要求如下。

（1）用2~3年时间建立相对完善的有关竞技体育无形资产的政策和法规体系，使管理者和经营者能够有一个明确的方针指导，有共同遵循的准则和依据。

（2）用5年时间初步建立起比较完善的竞技体育无形资产经营管理体制和开发运作机制，使开发经营活动基本和国际接轨并使其发展初步趋于稳定和成熟。

（3）用2~3年时间初步建立竞技体育无形资产的产值指标统计体系，使竞技体育无形资产各项产值能够正式列入体育产业及GDP的指标系统中。

（4）用5年时间，在形成稳定的产业经营和市场运作的环境下，初步建立

起比较规范的竞技体育无形资产评估标准体系与方法，使各项竞技体育无形资产有一个基本的定价标准。

（5）在5年内，竞技体育无形资产的产值能够达到整个国家体育产业产值的5%以上，使竞技体育无形资产初步成为体育本体产业的重要内容。

（6）初步培育一批具有经营开发竞技体育无形资产能力和发展前途的体育企业、中介组织和社团及培养出相当数量的专业经营管理人才。

实现上述目标，中国就基本具备了高速发展竞技体育无形资产及开发大型综合性运动会无形资产的基础和条件。

### （二）重点和对策

为了实现这一阶段的战略目标，我们必须把这一阶段的中心和重点放到体制改革和政策法规建设上来，尤其是我国处在体育产业化改革的阶段，只有建立了良好的适应市场经济运作的管理体制，并加以正确方针政策的引导和法律规章的约束，才会有一个良好的体育产业发展的市场环境，才会有大量的企业和人才投入竞技体育无形资产的开发，如此通过宏观控制来促进微观领域的发展，最后达到整体的发展。也只有明确了工作的中心和重点，整体的工作才能有条不紊、分轻重缓急地进行。

#### 1. 加快体育管理体制改革的步伐，形成市场对竞技体育无形资产资源的有效配置

体育管理体制改革对我国竞技体育无形资产的发展有着特殊的重要性，特别是我国现阶段处在由计划经济向社会主义市场经济转轨的过程中，管理体制滞后于市场化发展，旧有的管理体制对竞技体育无形资产资源的有效配置有阻碍作用，由此产生的竞技体育无形资产经营开发过程中的利益冲突和管理复杂化的矛盾是这一战略阶段需要解决的问题。

（1）我国是在传统的计划经济体制下建立起来的经济基础，过去的管理体制对现实的市场运作必然会产生巨大的影响，但过去的管理体制存在很多弊端，而要使管理体制适应市场经济的需要，就必须进行改革，因此深化管理体

制改革是我国竞技体育无形资产开发必须解决的问题。

（2）我国原有的体育管理体制已经在很大程度上阻碍了体育产业及竞技体育无形资产的有效开发，这也是我国经济体制改革所遇到的共性的问题，如此发展下去，我国的竞技体育无形资产的发展必然会出现更复杂的矛盾，前期改革的成果也会半途而废，所以我们需要加快深化改革的步伐。

（3）体育管理体制改革肯定存在方方面面的阻力，这是改革抉择过程中必然会发生的事，但是我们决不可因此而停下改革的脚步，我们需要高瞻远瞩，明确改革的方向，坚定改革的信心，扎扎实实地向着既定的目标走下去。

（4）把体育管理体制改革作为第一阶段的重点，核心问题是行政管理部门权力的下放，由过去的管办不分转变为行政管理以宏观控制为主，尽快走上依法行政的轨道，从而使行政管理以制定政策和规划为主，把具体的经营管理交给市场，形成市场对竞技体育无形资产资源的有效配置。

**2. 尽快建立符合我国国情的竞技体育无形资产政策和法规体系，促进经营管理的规范化**

政策和法规体系的建立是一项既宏观又细致的工作，而且需要吸收、学习、制定、落实、反馈、完善等一系列循序而反复的过程，有关竞技体育无形资产政策和法规体系的建立是规范管理和经营的前提与条件，所以我国的竞技体育无形资产发展要追赶国际潮流和迈上新的高度，需要尽快建立起政策和法规体系，并在实践中不断发展和完善。

（1）我国有关体育产业及竞技体育无形资产的政策和法治建设虽然发展很快，但总体上讲，我国的体育产业开发仍处在起步和探索阶段，有关竞技体育无形资产的政策水平和法治化发展水平仍然较低，政策的缺陷和法规的漏洞还大量存在，这是阻碍竞技体育无形资产快速发展的不利因素，所以竞技体育无形资产的发展需要首先克服由于历史造成的政策和法规方面的不足，加快这方面的工作步伐。

（2）我国竞技体育无形资产的政策和法治建设已经具有一定的基础，也都经过了大量的落实和完善工作，但这只是一个方面，我们应当更注重的是另一个方面——发展和完善政策法规体系，政策是发展的先导，法治是发展的保障，符合发展趋势和国情的政策能够起到发展的向导和动力的作用，强有力的法治保障是竞技体育无形资产沿着正确方向发展的基本条件。

（3）我国的体育产业及竞技体育无形资产发展是在国家一系列方针政策的指导下，是在不断建立和发展的行业法律法规的约束下，逐步从无到有，逐步发展到今天的规模和水平。应当讲体育产业和竞技体育无形资产的发展和我国的整体经济发展一样，处在非常关键的时期，政策和法规建设是这一时期非常重要的课题，下一步的政策和法治建设仍需要以创新的精神，特别是要结合中国的具体实际，取得更大的发展。

（4）我国有关竞技体育无形资产的政策和法治建设，需要充分研究国外竞技体育无形资产的发展过程及其政策和法治建设方面的经验，结合我国体育产业及市场化发展的具体情况，针对一些重大的问题，制定具有开创意义的政策，并严格加以法律保护，在重点建设的基础上，也要注意一般政策和法规条文的完善，使我国在有关竞技体育无形资产的政策和法规方面既能体现国际的发展潮流，又能符合我国的客观实际。

## 二、2006—2010年的全面和快速发展阶段

### （一）目　标

到2010年的目标是：建立健全完善的竞技体育无形资产经营管理体制和开发运作机制，并建立完善的相关政策和法规体系，使开发经营活动完全与国际接轨，并使其发展趋于稳定和成熟；建立完善的产值指标统计体系及经营开发评估方法体系，保持稳定优良的产业经营和市场运作的环境；竞技体育无形资产产值占整个体育产业产值比例的13%以上；造就一批具有大规模、综合开发竞技体育无形资产能力的体育企业、中介组织和社团及培养出足够多的优秀经营管理人才；保持我国竞技体育无形资产产值的快速增长，保证2008年奥运会

无形资产开发达到或超过历届奥运会的整体效果。实现这一目标的具体指标和基本要求如下。

（1）建立完善的有关竞技体育无形资产的政策和法规体系，使管理者和经营者形成一个长久稳定的指导思想，使政策法规深入人心。

（2）进一步完善竞技体育无形资产经营管理体制和开发运作机制，使开发经营活动全面与国际接轨并使其整体发展趋于稳定和成熟。

（3）建立完善的竞技体育无形资产的产值指标统计体系，使竞技体育无形资产各项产值成为体育产业产值的重要内容。

（4）形成稳定的竞技体育无形资产经营和市场运作的体系，建立起规范的竞技体育无形资产评估标准体系与方法，掌握各项竞技体育无形资产价格起伏规律。

（5）保持我国竞技体育无形资产产值的快速增长，竞技体育无形资产的产值能够达到整个国家体育产业产值的13%以上，使竞技体育无形资产成为体育产业的重要支柱。

（6）培育和造就一批具有大规模、综合开发竞技体育无形资产能力的体育企业、中介组织和社团，及培养出足够数量的优秀经营管理人才，使我国具有雄厚的竞技体育无形资产开发实力，拥有可持续发展的潜力和人才储备。

（7）保证2008年奥运会无形资产开发达到并超过历届奥运会的整体水平，并借此机会促进我国体育产业的振兴。

实现上述目标，我国竞技体育无形资产的发展基本与国家经济的发展协调一致，使国内形成稳定的市场，有较大的市场需求，成为体育产业的重要支柱。竞技体育无形资产在国家的经济建设和社会发展领域也发挥着重要的作用，我国的竞技体育无形资产开发能力已经居于世界的前列，并能够在国际竞争中居于主动的位置。

### （二）重点和对策

这个阶段是我国经济高速发展和快速向工业化迈进的过渡阶段，随着经济结构的调整，经济增长的动力，由主要依靠资源、劳动力和资金设备等有形投入转向更多地依靠技术、知识和信息等无形投入。特别是北京2008年奥运会的申办成功，我国竞技体育无形资产开发和经营进入一个旺盛的时期，在这样的政治经济及社会氛围优良的环境条件下，一定要把竞技体育组织和竞赛活动无形资产开发作为阶段性的战略重点，带动其他竞技体育无形资产的开发，这一战略重点是竞技体育无形资产全面和快速发展阶段的必然选择。

**1．突出竞技体育组织与竞赛活动无形资产开发的重点和核心地位**

突出竞技体育组织和竞赛活动无形资产开发这一重点和核心地位，是促进竞技体育无形资产全面发展的需要。在战略周期的第一阶段，把管理体制和运作机制改革及政策法规建设的软环境作为重点来抓，是因为竞技体育无形资产的发展需要具备这些必要的条件，而真正竞技体育无形资产产值的增长还需要靠具体无形资产内容的开发运作。从当时我国竞技体育无形资产的发展水平和未来发展趋势看，在2010年以前有一个高速的增长期是一种必然，这一方面在于我国拥有足够多的竞技体育无形资产储备，有着优良的经济环境；另一方面是我国有举办2008年奥运会的契机，可以说我国在这一阶段实现体育产业及竞技体育无形资产的大发展是一种历史的必然。

（1）在这一阶段，我国经过一系列的经济结构、产业结构的调整，经济的发展进入稳定、健康和高速发展的新阶段，国家的整体经济实力、产业素质和经济发展的质量已经大大提高，在物质条件方面更具备全面和大规模开发竞技体育无形资产的基础。

（2）在这一阶段，我国的市场经济体制经过深化改革和多年的发展已经相对趋于成熟，新的体育管理体制和运作机制已经初步成型，而且有关竞技体育无形资产的政策法规已经趋于完善，所以具备竞技体育无形资产发展的软环境。

（3）通过体育产业化改革初期及第一阶段的发展，产生了一批具有经营竞技体育无形资产的体育企业、社团和中介组织，也产生了一大批这方面的经营管理人才，在开发竞技体育无形资产的投资来源和人力资源方面已经具备相当优良的条件。

（4）我国的奥运争光战略深入民心，北京申办2008年奥运会不仅得到国内广大民众的热情支持，而且得到国际舆论的广泛声援。举办奥运会对举办国的体育产业开发，特别是对竞技体育无形资产的开发具有深刻而持久的影响，不仅奥运会举办期间举办国可以得到数额巨大的无形资产经营收入，而且奥运会具有一种综合性的效应，可以带动竞技体育无形资产的全面开发，也可以带动整个体育产业的振兴。

（5）在这个发展阶段中，政府需要利用这一时期的有利条件，采取一些灵活有效的方针政策，把宣传鼓动和支持诱导结合起来，吸引商家和企业的投入。

**2. 促成国家竞技体育无形资产的均衡和协调发展**

配合国家开发中西部的整体经济发展战略，充分挖掘和利用中西部地区的竞技体育无形资产资源，整体协调地推动我国竞技体育无形资产的发展。开发中西部是我国整体经济发展的一个重大决策，我国的中西部地区有着巨大的发展潜力，势必会成为我国未来经济增长的热点。同样随着经济的发展，中西部地区的竞技体育无形资产也会形成很大的发展空间，一方面潜在的竞技体育无形资产资源会逐渐被挖掘和利用，另一方面会产生大量的、可利用的新的资源。要使我国竞技体育无形资产的发展形成整体均衡和协调的态势，需要有意识地加大对中西部地区的投入力度，加快其发展的步伐。

（1）在这一阶段，我国的中西部经济开发已经取得一定的成效，在中西部地区也会出现一些重点的发展城市和地区，中西部地区经济总量增长，占GDP的比重明显提高，中西部地区在整个国家的经济发展过程中会越来越重要。

（2）在中西部地区，竞技体育作为现代社会文明进步的象征，其水平会在原有的基础上有一个大幅度的提高，当地商家和企业会积极利用竞技体育无形资产的商业效用，竞技体育无形资产也会随之成为一种热销的商品。作为国家整体竞技体育无形资产发展的重要组成部分，中西部地区会显示出越来越强劲的实力。

（3）由于我国中西部地域辽阔，很多地区拥有传统的优势竞技体育项目，而且拥有广泛的群众基础和巨大的社会影响，本身就蕴藏着丰富的竞技体育无形资产资源，随着经济的崛起，原有的潜力和资源会发挥巨大效用。中西部地区的竞技体育无形资产的发展会作为我国整体协调发展的重要组成，在中西部经济发展和国家的体育产业发展中发挥应有的作用。

### 三、2011—2020年的保持全面快速发展阶段

第三阶段是在第一阶段和第二阶段国家整体竞技体育无形资产发展的基础上，再综合判断2011—2020年国内经济发展和体育产业及竞技体育无形资产发展的具体情况，围绕本战略周期所要实现的总体战略目标，进行具体的调整和部署。

到2010年，我国已经由一个农业国发展为工业化的国家，已经完成由计划经济向社会主义市场经济的转变，这时的社会环境和经济发展水平发生了深刻的变化，中国在国际上的影响和综合国力都超过了历史上的任何时期，而发展竞技体育无形资产的环境和条件也发生了巨大的改变，方针政策和发展对策发生相应的调整，竞技体育无形资产发展的战略目标也做了一定的调整，但这种调整是局部的微观上的调整，整体的战略目标未发生大的变化。

## 第五节　竞技体育无形资产发展的战略对策

在发展战略制定的五项战略要素中，战略指导思想是首要的整个战略决策的根本出发点和灵魂，是战略目标整体战略设计的核心，战略对策是实现战略目标的手段和措施。战略重点和战略阶段是具有独立意义和更高层面的战略对策，前文有关战略重点和战略阶段的阐述已经说明其在竞技体育无形资产发展中的重要性。竞技体育无形资产发展的战略对策是多元的且具有灵活性的，但作为周期为20年的发展战略研究，必须明确那些基本的和具有稳定性的战略对策，随着战略规划的实施，竞技体育无形资产发展会出现很多超出预期的情

况，但一些基本的和对发展有决定性作用的战略对策一定是稳定和不变的。

## 一、提高对发展竞技体育无形资产的认识，发扬开拓进取的精神

发展竞技体育无形资产首先需要树立一种基本的认识和观念，这是任何事业发展都需要建立的一种意识层面的东西，也是理论研究探索的内容，正确的认识和观念的形成是竞技体育无形资产发展必备的条件。这种认识不能仅仅停留在事物表面和局部的范围，而是要对竞技体育无形资产的发展问题有一个全面、深刻的认识和理解，要能够从理论和战略的高度把握竞技体育无形资产在我国体育产业发展及国家整体经济建设和社会发展中的重要作用。要建立和不断提高这种认识，需要我们考察竞技体育无形资产发展的历史及国际国内发展现状，考察竞技体育无形资产的功能及其在现代社会经济结构中的作用，更要结合我国的实际情况研究发展的策略。有了认识还不够，还需要有勇于实践的意识和观念，需要付出艰辛和努力，这就需要发扬开拓进取的精神。

发展竞技体育无形资产的认识，是我们在不断地学习、实践和理论研究的过程中形成的，改革开放以来我国竞技体育无形资产的发展经过了一个从无到有，从小规模局部到大规模系统开发的发展过程。在发展过程中，我们一边不断实践、开拓，一边不断学习、研究，形成了现有的认识和观念，虽然现在我们已经意识到发展竞技体育无形资产对于体育事业及国民经济发展的重要意义，但肯定地讲我们目前在学习认识和理论研究方面还存在不足，无论是基础理论研究、政策法规研究，还是对实践经验的总结、国外经验的吸取都需要我们继续探索和进取。所以，加强学习、强化认识、不断更新观念是我们面临的任务，更是一项重要的举措。

现今的世界是一个全方位开放的信息社会，只要我们能够意识到发展竞技体育无形资产的重要意义，就可以广泛地学习和吸收先进的思想和经验，获得我们所需要的知识和信息。当然，这需要我们承认自己的不足和落后，更需

要我们有积极、认真的态度，只要我们能够充分认识我国的现实，坚持改革开放，就肯定可以逐步达到与国际先进思想认识的统一。发展我国的竞技体育无形资产更重要的是进行实际的开发，而实践的过程往往是更艰难困苦的过程，需要我们发扬开拓进取的精神，把思想和认识转化成投身实践的动力，这是我们应当意识到也必须做到的。

## 二、进一步深化体育管理体制改革和加快运作机制的转换，营造优良的发展环境

体育体制改革是我国整个体育改革的核心内容，体制是组织管理的结构与制度，体制改革是一项根本性的改革。关于体育体制改革的研究不仅是发展竞技体育无形资产需要面对的问题，更是我国体育界都在研究和讨论的重要理论课题。其中体育管理体制改革又是整个体育体制改革的核心内容。我国处在由计划经济向社会主义市场经济转轨的历史过渡时期，决定了在“双重体制”下进行体育管理体制改革及其运作机制转换的必然性，而这一改革过程由于存在各种利益冲突和众多疑难问题，也决定了改革的艰难性。但是社会和体育事业发展，需要我们痛下决心，一定要加速我国体育管理体制改革的步伐，加快体育运作机制的转换，为我国体育事业的发展及竞技体育无形资产的大力开发创造一个优良的环境。

我国体育管理体制和运作机制的深化改革同样影响到竞技体育无形资产的发展，管理体制和运作机制存在的问题和不足决定了进行体育管理体制改革的重要性，在这里我们只讨论管理体制和运作机制与竞技体育无形资产开发的关系。体育管理体制和运作机制是一个相对大的概念，但其中的很多细节问题和竞技体育无形资产开发密切关联，比如现有的管理体制及运作机制之下，竞技体育无形资产的开发出现了开发主体含糊不清、政策难以落实、权力大于法律等问题，虽然问题的出现牵扯多种因素，但根源在于管理体制的落后和运作机制的“不适应”，解决问题的关键在于深化管理体制的改革和加快运作机制的

转换。此外与竞技体育无形资产相关的体育市场开发、产业经营管理和中介组织运作等，其开发过程中的问题都和管理体制和运作机制密切相关，在竞技体育无形资产之外的其他领域也同样存在计划经济体制管理方式不适合市场经济发展的问题。

深化管理体制和运作机制的改革是要由过去“办体育”变为“管体育”，是要通过宏观调控和市场手段来组织体育事业的经营运作，把行政管理工作的重点转移到加强调查研究、制定和执行宏观调控政策上来，彻底改变过去行政管理部门职能交叉、政事不分、效率低下、忙于具体事务的状况。管理体制和运作机制的深化改革，是整个体育体制改革的重点和核心内容，是建立与社会主义市场经济和现代化发展相适应的体育体制的重要步骤，改革的成功，不仅可以改变传统的工作思维模式，提高体育行政管理部门的工作效率，克服以往管理体制的诸多弊端，也是体育事业可持续发展所必需的。当然，改革对于发展竞技体育无形资产的经营运作也会产生积极的影响，而且深化体育管理体制和运作机制的改革，也会对其他竞技体育无形资产发展战略对策的确定和实施产生带动作用，所以，体育管理体制和运作机制的改革是具有核心作用的重要战略对策。

体育管理体制和运作机制的深化改革，是要按照市场经济规律和法则的要求，对原有的管理体制和运作机制进行全方位的彻底的改革。由于我国经历了长期计划经济体制下的体育管理和运作，在思想观念、人事配备和工作方式等方面都形成了比较稳定的模式。这决定了改革过程必然会存在各种利益冲突和众多疑难问题，也决定了改革的艰难性。我国进行深化改革的方向是正确的，改革成功的关键是我们必须坚定改革的决心和信心。只要我们在不断学习和吸收先进思想和经验的同时，能够结合我国体育事业发展的具体情况，进行体育管理体制和运作机制的创新，改革的前途就必然是光明的。

## 三、加强政策研究和法治建设，促进竞技体育无形资产开发的市场规范管理

体育产业的发展需要建立系统的政策和法规体系，改革开放以来我国在体育产业的政策和法治建设方面进行了大量的研究和大胆的尝试，特别是在我国确立社会主义市场经济体制以来，推出了一系列深化改革的政策措施和法律规章，在政策和法治建设方面取得了显著的成就，也在体育产业的发展进程中发挥了重要的作用。我国各级体育行政部门在体育产业政策制定和立法执法方面做出了大量的努力，初步形成了完整、系统的体育产业政策体系；在体育产业和体育市场管理的法规建设方面，基本规定了体育产业部门的法律地位、权限和义务，出台了全国性的体育市场管理条例，明确了管理部门的职能、管理权限和范围、进入市场条件、资格和程序等。我国体育产业的发展，虽然在许多方面缺乏长期稳定的扶持政策，存在很多政策上的漏洞；体育产业和市场管理存在法治建设方面的薄弱环节，特别是在高层次立法方面存在不足，但总体看我国体育产业发展的基本政策和法制体系的框架已经形成。

竞技体育无形资产的政策研究和法治建设是其发展的必要前提，也是体育产业政策和法治建设的重要内容，因为竞技体育无形资产的发展水平与政策制定和法治健全存在高度的相关性。如果没有切实可行的方针政策和行之有效的法律规章，竞技体育无形资产的发展就会缺乏前进动力和利益保证。我国竞技体育无形资产开发目前仅仅处于起步和探索阶段，而即使我国体育产业达到高度发达，也必须重视竞技体育无形资产的政策研究和法治建设，更何况目前我国在政策研究和法规建设方面还存在漏洞和缺陷，所以不管是从现实还是从长远发展的角度看，都需要加强和重视这方面的工作。

正确方针政策的制定对竞技体育无形资产的发展具有决定性作用，因为竞技体育无形资产能否发展、怎样发展，归根结底取决于国家制定怎样的政策，没有国家政策的支持，一切发展都是空谈，而企业能否进行资金投入，人才能否参与开发，也在很大程度上取决于政策是否科学和合理，所以科学政策

的制定是吸引企业投入和人才参与的基本手段。而有关竞技体育无形资产法律法规的建立和完善更是规范进行开发运作的基本保证，特别是未来国际一体化的市场竞争，遵守共有的法律规章也是适应未来发展的需要。所以，要促成竞技体育无形资产的大力开发及市场的正规化管理，推动我国竞技体育无形资产健康、有序、规范地发展，没有优良的政策环境和强有力的法治保证就无从谈起，而加强法治建设更是保护竞技体育无形资产资源和保证拥有者合法权益的根本。因此在我国发展竞技体育无形资产需要把政策研究和法治建设居于突出重要的位置。

我国制定体育产业及竞技体育无形资产的基本政策和法律规章，具有相当好的基础和前提条件，首先，我国改革开放以来体育产业发展取得的显著成绩及不断深化改革的探索过程，为未来的发展奠定了相当的物质基础和思想基础，特别是我国确定建立社会主义市场经济体制，为我们深化体制改革和制定长远的规划和发展对策创造了前提条件；其次，我国体育产业化发展和改革的过程也是竞技体育无形资产基本政策和法规不断建立、调整和完善的过程，我们在竞技体育无形资产的政策和法治建设方面已经具有了良好的基础和丰富的经验，这是我们宝贵的精神财富；最后，我国坚持奉行改革开放的政策，为我们学习和吸收世界先进的技术和经验创造了条件，我们随时可以把世界上优秀的思想和成果吸收进来为我们所用，这些为我们制定科学合理的竞技体育无形资产政策和法规提供了依据和参考。

## 四、积极开展对外交流和合作，吸收和借鉴国外先进的经验

现今世界是一个全方位开放的信息社会，任何事业的发展都处在不断与外界联系和交往的过程中，地区与地区、国家与国家之间都要通过信息、技术和经验的交流来达到共同的发展。特别是我国目前处在科技和经济落后的情况下，更需要加强对外交流和合作，以使我们达到更快的发展。我国竞技体育无

形资产的发展也面临同样的问题，国外体育产业和竞技体育无形资产的发展时间比我们长，它们不仅拥有较强的经营开发实力，而且也确实在产业开发的技术和经验方面优于我们，如果我们不能积极开展对外交流和合作，就难以掌握先进的技术，也就无法达到和国际社会协调同步地发展。

改革开放以来，特别是1992年开始进行深化体育体制和运作机制改革以来，为了适应社会主义市场经济发展的需要，国家体育总局先后组团进行了大量的对外考察和学习交流活动，其中包括很多竞技体育无形资产的考察内容，如竞技体育比赛的无形资产开发、有关竞技体育无形资产的政策、竞技体育的赞助和竞技体育彩票等。我国现在进行的竞技体育无形资产开发活动，主要是在学习和利用发达国家的方法和经验的基础上，在不断交流和合作中获得认识和提高。我国在体育产业及竞技体育无形资产开发方面从国外学习和吸取大量的知识和经验，也从中获得了丰厚的利益回报。但是我们目前在认识上、观念上、技术上及经营上均和发达国家存在着差距，整体的综合开发实力还存在不足，而要真正缩小这些差距，除了需要我们不断深化改革、敢于进取、勇于实践之外，坚持对外开放、坚持不断地学习和引进国外先进的思想也是非常重要的，我们所进行的改革和创新，很大程度上是源于国外成功的方法和经验。我国未来竞技体育无形资产的发展，需要在横向上不断加强与发达国家的交流和合作，这不仅是竞技体育无形资产发展本身所必需的，也是未来社会经济和体育产业发展趋势的要求。

我国正处在向现代化强国迈进的冲刺阶段，坚持改革开放、坚持加强各行各业的对外交流与合作是发展的必然要求。在体育产业和竞技体育无形资产开发的交流方面存在有利的条件和可能。因为我国本身是一个潜力巨大的体育市场，而且我国的经济发展和体育产业及竞技体育无形资产的发展也取得了显著的成就，已经具备了相当的思想基础和物质基础，一方面，我们有能力走出去、请进来，有能力学习和吸收先进的思想和经验；另一方面，国外的企业和实体也愿意和我们进行交流和合作，因为这一过程中蕴藏着商机，交流和合作的过程也是他们投资和发展的机会。因此，只要我们认识到对外学习交流的必要性，建立这种意识和观念，完全有可能把国外最先进的技术经验掌握在手，从而发展我国的竞技体育无形资产。

## 五、重视对各类经营管理人才的培养，加强人才队伍建设

体育产业及竞技体育无形资产的发展，最关键的一点是要拥有一个真正能够领导和推动这项事业发展的人才队伍。过去在计划经济体制下，体育作为一项完全的公益事业，其组织和运作基本是按照国家的整体计划来进行的，所以造成目前缺乏独立管理和经营体育产业的人才。竞技体育无形资产作为体育本体产业的三大支柱之一，在开发运作上也存在人才短缺的问题。体育产业化改革以来，虽然有大量的人才涌入体育产业和竞技体育无形资产开发的队伍中来，但改革过程缺乏人才的现象仍然明显地存在，特别是那些真正懂经济、懂管理，又熟知体育的专业人才更是严重缺乏。体育产业的人才需求具有多样性和复杂性，包括领导管理人才、体育经纪人才、政策法规制定的人才、科研人才、各类专业开发人才等，如何弥补这种严重的人才缺乏是我们必须面对和解决的问题。我国社会主义市场经济体制的建立能够促进人才的合理流动，起到自发地配置人才的作用，但我国目前的人才不足和现阶段的体育产业及竞技体育无形资产发展的形势，要求我们必须主动和积极地加强人才队伍建设，必须把各类经营管理人才的培养作为一项重要的工作来抓。按照体育产业发展的需要，应当多渠道、多形式地发现和培养人才，既要重视本系统的人才培养，建立在职在岗人员的培训制度，提高从业人员的整体素质，并从中发现和选拔具有经营和管理能力的优秀人才；也要解放思想，打破行业界限，把其他行业的优秀人才引进到体育产业的经营运作上来。当然在人事和分配制度方面也要加快进行配套的改革，特别是体育产业经营的企业，要建立评聘和辞退等制度，完善有关竞争、激励和约束等经营管理机制，实现开发单位用人的自主权，实行公平竞争、择优录用，鼓励具有经营管理能力的人才从事体育产业和竞技体育无形资产的开发。

我国体育产业及竞技体育无形资产的发展，能否成为一个具有规模和影响的产业，最终还是取决于从业人员的数量与质量，事业发展的根本在于人才。人才的造就和培养不仅是目前发展的需要，而且是我国体育事业长远发展的大计，我国进行深化体育体制和运作机制的改革，就是要走体育产业化发展的道路，体育产业的发展和其他任何事业的发展一样，关键在于拥有优秀的队伍，特别是要有优秀的经营管理队伍。所以体育产业经营管理人才队伍建设是一项既有现实意义，又有长远意义的工作。随着我国加入WTO，体育人才市场将进一步开放，虽然国外的经营管理人才会大量涌入，弥补我国体育产业及竞技体育无形资产经营管理人才的不足，这有利于促进我国体育产业和体育市场的迅速发展，但我国竞技体育无形资产的发展最终还是要靠我们自己来完成，如何经营管理人才是我国竞技体育无形资产发展的大事。

我国的体育产业及竞技体育无形资产开发是一个潜力巨大、前途无限的产业经营内容，在培养经营管理人才方面具有潜力和优势，而且在我国培养一批体育产业和竞技体育无形资产的经营管理人才也是现实和可能的，因为自我国体育产业化改革以来有大批人才涌入体育产业开发的行列，而且原来的体育机构中就有一大批出色的人才，这批人才再经过一段时间的锤炼，就可以在我国的体育产业发展过程中发挥中流砥柱的作用，而随着我国体育事业的进一步发展和改革开放的深入，仍然会有大批的人才加入体育产业开发的行列，加之我国通过一定的行政手段和积极措施加强对人才的选拔和培养，我国应当可以在不远的将来拥有一支实力强大、结构合理的人才队伍。

## 六、培育一批实力强大的体育产业经营实体，提高我国体育企业在国际上的竞争力

体育产业及竞技体育无形资产的开发经营，最终是由体育企业、社团和中介组织等体育产业经营实体来具体策划和操作的，我国改革开放以来，特别是体育产业化改革以来，在国家政策鼓励和政府的倡导下，体育产业经营实体在

数量和规模上发生了根本性的变化，体育作为我国第三产业的重要内容成为我国经济发展的组成部分，也预示着巨大的发展潜力和广阔的发展前景。从投入体育产业开发经营的情况看，改革初期有很多政府机关投入体育产业的经营，也有企业和个人投入体育休闲娱乐产业和体育竞技竞赛产业的经营；深化体制改革之后，运动项目单项协会成为独立经营核算的经济实体，很多运动项目开始采用职业联赛和擂台赛等竞赛形式，使竞技体育对社会生活和经济生活的影响加大，对体育产业和竞技体育无形资产的投资成为一个社会热点。很多有实力的企业都加入体育产业开发经营的行列，使体育产业及竞技体育无形资产经营开发的数量得到增加，质量得到提高。但目前我国体育产业在经营规模、企业实力、竞争能力等方面与现代化的要求还存在差距，参加国际竞争的能力还远远不够，在竞技体育无形资产的开发经营方面更是存在不足。虽然现时的发展阶段决定了我国体育产业及竞技体育无形资产发展处于落后的状态，但我国国民经济整体的发展、体育产业的发展要求我们必须要有大的发展观和赶超意识，这之中就有体育产业骨干经营实体培育的问题。因为从国际上诸多行业的发展经验看，资产的集约化是一种企业发展的趋势，一个产业部门要想真正在市场竞争中立足，特别是在日益激烈的国际市场竞争中居于主动和有利的地位，就必须有强大的经济实力和科技实力。体育产业及竞技体育无形资产的发展也是同样的道理，必须有实力强大的体育产业经营实体才能使我国的体育产业及竞技体育无形资产发展在国际竞争中立于不败之地。

在我国出现一批具有经济实力和经营体育产业及竞技体育无形资产的骨干经营实体，是未来市场竞争的一种必然，但我们不能完全任其自然地发展，而是应当有意识地促成这一格局的形成。因为这样会使我国的体育产业及竞技体育无形资产发展有一个起带头作用的龙头，使我国拥有众多能够承担大型体育产业及竞技体育无形资产项目开发的实体，这不仅对我国体育产业的发展起到引导和带动作用，而且对我国体育事业的发展起到经济支撑作用。未来的体育产业发展也是国际一体化的发展，我国拥有一批实力强大的体育产业经营开发实体，就可以积极主动地参与国际竞争，在竞争中处于有利位置。

尽快培育和造就一批具有相当实力的体育产业及竞技体育无形资产开发的经营实体，在我国是现实和可能的，因为我国政府已经意识到体育产业及竞技体育无形资产开发对整个国民经济发展的重要意义，并且制定了一系列有关发展体育产业的政策。我国经过改革开放，拥有了雄厚的经济基础，而我国的体育产业和体育市场经过发展，已经有一大批体育产业部门经历了市场竞争的磨炼，具备相当的规模和实力。我国虽然在整体实力和国际竞争能力上还存在一定的差距，但从已经具备的经济基础和未来发展的趋势看，只要我国坚持积极的体育产业发展政策，采用有利于企业发展的扶持政策，就完全有可能促使我国的体育产业经营实体得到迅速和健康的发展，也一定能够出现一批实力强大的体育产业经营实体参与国际体育产业的发展竞争。

## 七、扶持国内体育中介组织的成长，尽快建立一支强大的经纪人队伍

事实上，我国改革开放以来一直都存在行使中介职能的体育组织和个人中介行为，其中包括官方的体育组织机构、社团及自发行使体育中介职能的机构或个人。所以，在我国体育产业和体育市场的经营运作过程中一直都存在体育中介的运作活动，并且有着一定的社会基础和历史渊源。只是在国家没有正式提倡发展中介组织和建立经纪人制度之前，对体育中介组织及其行为的管理不够规范和系统，经纪行为存在一定程度的无序和混乱。

目前我国体育中介组织大体上有两种：一种是由政府体育管理部门组建的全国性、地区性单项运动协会、体育用品联合会等组织；一种是按国家有关政策、法规，经体育管理部门资格审查认定的民营中介组织，如体育信息、咨询、代理、经纪等中介组织，具有法人资格和独立的经济利益。我国现有的体育中介组织大部分属于第一种，也由此造成较大的弊端。这种体育中介组织大多是由行政机关采用行政手段建立的，直接依附于行政机关，接受行政机关的领导，经费由财政拨款，实际上成了行政机关的附属；在管理方面，大多数这

类中介组织就是行政或事业单位，这样严重限制了中介组织自主性和专业性作用的发挥。第二种体育中介组织在我国数量较少，在建立过程中面临阻力较大。很多地方体育局职能尚未转变，不按照市场规律办事，在推行体育产业化过程中，对建立中介组织重视不够，致使对体育产业发展具有重要意义的中介组织的发展严重滞后，成为体育市场培育和体育产业发展的瓶颈。市场经济体制的确定及我国体育产业和体育市场的迅速发展形势，要求我们必须发展壮大这种民营体育中介组织，并在宏观上进行管理和规范，体育市场运作需要一个强大的体育经纪人队伍。

体育产业及竞技体育无形资产的开发具有巨大的潜力，这种潜力的挖掘需要体育中介组织和体育经纪人的参与。市场经济是以市场为主导而自发地配置社会资源的分布，在市场经济的运作过程中离不开中介组织的组织运作，体育市场也是一样。一般而言，市场经济越发达，市场主体之间的经济联系越广泛，市场交易活动越活跃，也就越需要建立和完善中介组织。建立和完善中介组织是完善市场体系、转变政府职能、转换企业经营机制的客观需要。建立体育中介组织是构建和完善我国体育产业体系的重要环节。我国体育的基本运作方式也在按照市场经济的要求转化，即以产业化方式发展体育，提高体育资源配置的效率和效益。市场经济离不开中介组织，体育产业及竞技体育无形资产的经营开发也需要体育中介组织。体育中介组织为政府的体育管理部门、体育产业主体和体育消费者提供服务，保证体育管理部门和体育产业部门之间的协调关系，从而保证体育产业的正常运作。这一运作过程需要大量的从事中介运作的人才，所以我们必须逐步建立一支适应体育产业发展和体育市场运作的经纪人队伍。

在我国，扶植体育中介组织的成长和壮大体育经纪人队伍是现实和可能的。从整体上看，我国社会主义市场经济体制的建立是一个总的先决条件，因为市场经济是以市场自发地配置社会资源为主导，体育产业的发展和市场规模的不断扩大必然会给体育中介组织的经营运作创造更广阔的空间。从体育市场运作的一般规律分析，一方面，体育市场运作需要体育中介组织和大批经纪人才的参与；另一方面，中介活动过程存在着巨大的利润份额，随着整体社会经济和体育产业的发展，体育中介组织的不断涌现和经纪人才队伍的发展壮大也是一种必然趋势。

## 八、尽快建立竞技体育无形资产产值统计指标体系，更好地规划未来发展

竞技体育无形资产作为体育产业的重要开发内容，其产值统计指标体系的建立是整个体育产业统计指标的组成部分。随着社会进步和体育产业的发展，体育产业以一个相对独立的产业门类纳入整个国民经济的运作过程，体育产业统计也成为国民经济统计的重要内容，所以社会的发展要求我们必须建立竞技体育无形资产的产值统计指标体系。从竞技体育无形资产自身发展的角度讲，其发展过程的规律和各种本质特征都需要通过一定的数值计算和量化分析来加以描述和研究，只有全面、准确地把握了其发展过程与整个体育产业，乃至整个国民经济发展过程的量化关系，把握了这种数量的变化和发展的关系，才能在此基础上对我国竞技体育无形资产的发展进行科学的分析、评价和规划，以引导和规范竞技体育无形资产的发展。所以，无论是从我国宏观经济发展的角度、体育产业统计的角度，还是从竞技体育无形资产自身健康发展的角度，都需要建立一个与市场经济体制相适应，符合体育产业发展规律的科学可行的竞技体育无形资产产值统计指标体系。

我们制定竞技体育无形资产的发展战略及确定整体战略和各个发展阶段的目标，除了需要对国家的整体经济发展、体育产业发展、体育市场环境及管理体制和运作机制等进行宏观分析外，也需要对各种产值，包括竞技体育无形资产的产值进行量化的分析，以更科学地推测和判断各项产值的比例关系及其动态变化规律，从而达到科学地制定发展战略，准确地确定整体和阶段的战略目标。很多西方发达国家经过数十年体育产业的发展，已经建立了比较完整和成熟的体育产业指标体系，他们都是把体育产业作为国民经济的一个组成部分，

把体育产业放在整个国民经济核算体系中，考察其在国民经济中所占据的位置，其中特别重视考察体育产业和其他产业的关系，重视体育产业生产总量和生产结构的统计与分析。在计划经济的体制下，体育产业是被排除在产业统计范围之外的，体育产业化改革之后，我国开始采用新的国民经济核算体系，体育产业被包含在统计范围之内，但仍有很多体育产业内容被漏算，这不仅影响体育产业研究和决策水平，也影响我国国民经济的统计质量和宏观决策水平。我国体育市场管理部门积极进行体育产业统计指标体系的建立工作，这不仅对体育产业的发展具有指导意义，而且是社会和国民经济发展需要解决的问题。我们在体育产业统计指标体系的建设方面存在很大的不足，下一步完成这一体系的建设需要相当的人力、物力和时间，需要很多方面和部门的协调和配合，但只要我们真正认识到这项工作的重要性，就完全可以在较短的时间内收到成效。建立起竞技体育无形资产的产值统计指标体系，就可以更好地综合其他利弊因素，规划未来的发展。

## 九、尽快建立竞技体育无形资产的评估方法体系，使市场定价有客观的依据

资产评估一般作为中介组织的服务内容，是市场经济条件下经济发展和运作的一个重要环节。随着我国社会主义市场经济体制的建立与逐步完善，各类资产的交易日益增多，已经成为一种经常性的经济活动。我国虽然体育产业化发展的时间不长，但在体育产业的经营开发过程中出现了大量的竞技体育无形资产的交易活动。目前，我国很多的竞技体育无形资产在交易活动中并没有实现其价值，虽然有很多因素影响到交易的效果，但其中价格的不确定性是重要的原因之一。由于我国体育市场的不完善，竞技体育无形资产的评估方法仍在建立过程中，因而出现交易过程中要价过高或低价出售的现象，竞技体育无形资产的经营需要尽快建立和市场经济相适应的评估方法体系。竞技体育无形资产评估是有关资产评估理论的重要内容，同时又对竞技体育无形资产的开发实

践具有重要的指导意义。有关竞技体育无形资产评估方法体系的建立，一方面可以使我们更全面和科学地认识竞技体育无形资产的价值构成，从深层次和多层面认识其价值原理；另一方面可以促进社会对竞技体育无形资产的认同，使其有一个基本的价格定位，这样可以使交易趋于合理，也可以简化交易过程。

竞技体育无形资产评估方法体系问题的研究，是一项难度比较大的工作。因为本来无形资产与有形资产相比，就具有不确定性和不稳定性的特点，其价格评估具有复杂性和较大的难度；加上目前我国竞技体育无形资产在交易上有其特殊性且体育市场不成熟，所以评估的研究难上加难。但是，任何事物都有其内在的规律性，其复杂性和不稳定性都是相对的，只要我们把握住竞技体育无形资产的特点，认清其本质和内涵及其内在的有机联系，就可以找到解决问题的办法。对竞技体育无形资产评估的研究，我们还可以从多方面找到依据和参考：第一，竞技体育无形资产的评估与一般无形资产评估和有形资产评估有着紧密的联系，前者的研究可以从后者已取得的研究成果中找到大量的依据和证明；第二，竞技体育无形资产本身并不是深不可测的，它给其所有者带来的高额收益是现实中可以看到的，只要把握住其创造过程的成本价和市场成交的实际价格这“两端”，其价格就可以相对准确地评估出来；第三，竞技体育无形资产的价格涨落肯定有其内在的规律和与外界的必然联系，只要我们把握好内外各种成分和因素的变化及因果关系，就可以确定某一项无形资产在某一特定条件下的价格；第四，现实中有大量的竞技体育无形资产评估和交易的实例可供我们参考，国际上从大型综合运动会和体育俱乐部的无形资产评估到某一单项的无形资产评估，实例不胜枚举，国内目前也有较多的体育无形资产成交的实例，这些都可以为我们进行竞技体育无形资产评估提供依据和参考。

## 十、全力配合申办奥运会的整体战略，保证奥运会无形资产开发万无一失

由于现代市场经济的发展及奥运会的巨大影响力，企业和商家赞助奥运会或通过奥运会做广告，对树立企业形象和扩大产品的影响都具有优良的效果，

所以奥运会无形资产成为众多商家和企业竞相投资的方向，开发的空间也越来越广阔。从1984年举办洛杉矶奥运会以来，利用各种形式赞助奥运会的企业和商家越来越多，奥运会无形资产的开发越来越受重视，各种无形资产的价格都呈直线上涨趋势，随之奥运会的无形资产开发逐渐成为整个奥运会体育产业开发的重要和核心内容，奥运会无形资产开发包括电视转播权、各类广告、企业赞助和各种奥运标志等，构成奥运会体育产业开发的主要内容，也是奥运会体育产业开发资金的主要来源。

奥运会作为国际社会最大的竞技体育盛事，早已深深扎根于各国人民心里，奥运会的举办意味着国家的兴旺和民族的强大。当代奥运会的举办过程蕴藏着无限的商机和巨大的商业利益，奥运会的举办不仅是各国人民增进了解和友谊的过程，也是举办国广交商界朋友，发展经济的大好时机。当今，奥林匹克作为一种文化现象，包含“奥运经济”和“奥运产业”的含义，奥运会的体育产业及无形资产开发的经济效益并不仅仅局限于奥运会举办期间，由于奥运会过程吸引了众多企业和商家的参与，促进了国内和国际的交流和合作，很多企业会在投资和产业开发过程中取得经验并获得经济效益，有的企业可能会通过奥运会的投入而成长和壮大起来，这对我国体育产业的长久、持续的发展具有重要的作用，也对我国今后竞技体育无形资产的进一步发展具有战略意义。

## 第六节　小　结

本章是全书的核心内容，是基于对各种环境因素的分析，围绕发展战略的五个基本要素展开研究和制定竞技体育无形资产的发展战略，并进行必要的分析和说明。发展战略指导思想的确定，是以竞技体育无形资产发展的现实条件为基础，充分利用我国政治稳定、经济高速、发展良性的机遇，以积极、稳妥为基本的原则；战略目标的确定，是以对我国竞技体育无形资产发展各方面的影响因素的分析为依据，并根据现实中的可能性，从管理体制、政策法规建设、参与竞争实力和产值份额等多方面来确定二十年战略周期的发展目标，并从多角度、多层次来分析实现战略目标的可能性；战略重点的确定，是根据各个竞技体育无形资产内容或某些利弊因素对实现战略目标作用的大小，把相关政策研究和法治建设、竞技体育组织和竞赛活动的无形资产开发及中西部地区的竞技体育无形资产开发三个方面确定为战略重点，或者是在发展中具有决定意义和关键作用的环节或内容，或者是发展中比较薄弱和需要特别加强的环节；战略阶段的划分，是根据实现整体战略目标的需要和我们可能控制的范围，把战略周期分为三个战略阶段，即打基础和做准备阶段、全面和快速发展阶段及保持全面快速发展阶段，每个战略阶段按照竞技体育无形资产发展过程的一般规律和我国的具体情况，对应总的战略目标和要求，确定各个阶段的发展目标、重点和对策，并注意各阶段目标之间的相互衔接和发展的连贯性；战略对策的确定，是根据未来竞技体育无形资产发展的需要，选择对实现战略目标具有重要意义的措施和手段，并需要具有现实的可行性和可操作性，要确保战略对策能够真正有效地为实现战略目标发挥作用。

# 第五章 竞技体育无形资产发展战略的分类

竞技体育无形资产发展战略虽然是一项“末端发展战略”，但因为它是有关我国竞技体育无形资产整体发展的战略构想，具有整体性和宏观性，所以仍是一项宏观发展战略。任何一个宏观整体的事物肯定包含很多中间层面和微观层面的内容，而作为一项宏观发展战略只能是对该项事业做一个大体的规划，不可能包罗有关竞技体育无形资产发展的各个层面及各个具体的问题。一个完整的发展战略本身的要素构成就是把整体划分为不同的问题组合，更具体地说，前文所述的战略阶段把20年的战略周期划分为三个发展任务不同的阶段，其本身已经包含了分类的因素，而以整体的视角不可能讲清和解决很多更具体的问题。所以，我们有必要根据不同的需要对竞技体育无形资产的发展战略做进一步的类别划分。

## 第一节　分类的依据和原则

竞技体育无形资产发展战略作为竞技体育和产业经济相融合而再构成的一个发展战略概念，同样具有内涵和外延两个方面。前文所确定的定义已经对这一概念的内涵加以明确，但是，竞技体育无形资产发展战略具有十分广阔的外延，这是我们需要加以明确认识的问题，分类的方法是解决这一问题的最好途径。逻辑学理论认为：在一个概念的外延中，可以只有一个单独的事物，也可以有许多，甚至可以有无穷多的事物，当一个概念的外延中有很多或无穷多的事物时，我们可以把概念的外延根据属性的不同分成许多小类，以明确这一概念的外延。在确定内涵的基础上对竞技体育无形资产发展战略进行分类，在理论上可以使我们认识这一战略所包含的不同形式和类别，使其更加层次化和系统化，在实践中也可以为我们不同类型和层次发展战略的制定提供指导。

逻辑方法中的划分就是把一个概念的外延分成几个小类，小类是大类的种，大类是小类的属，划分就是把一个属分为几个种的逻辑方法。把一个大类分成几个小类，前者叫作划分的母项，后者叫作划分的子项，把一个母项分成几个子项，必须根据一个标准来进行，划分的标准可以是一个属性，也可以是几个属性，划分标准采取哪些属性要根据理论研究和实践的需要来决定。我国竞技体育无形资产发展战略的划分可以根据地理区域的不同、经济发展水平的差异、行政区的不同、开发主体的不同、市场需求的不同、竞技体育项目和项群的不同等，进行不同属性的类别划分，也可以把几个属性作为一种类别划分的标准。但不管依据怎样的属性进行划分，必须遵守以下几条类别划分的基本原则：第一，划分的各子项应当互不相容；第二，各个子项之和必须穷尽母项；第三，每次划分必须按照同一划分标准进行。

## 第二节　竞技体育无形资产发展战略的分类

进行科学的分类是竞技体育无形资产发展战略的一个基本理论问题，也是构筑这一战略体系及进行不同地区和不同类型发展战略研究的必要前提。按照不同的分类标准建立的分类体系各自有着不同的适用范围，其理论价值和实践价值也各有不同，所以，相应的分类方法也就具有多样性。例如：根据经济发展水平的不同；根据地理区域的不同；根据行政区的不同；根据竞技体育的发展水平和实力的不同；根据竞技体育无形资产发展潜力的不同；根据开发主体的性质和特点的不同；根据市场需求程度的不同；根据竞技体育项群的不同；根据竞技体育项目的不同。

本研究根据不同的分类标准及其体系的内在联系，把某些标准按照一定的层级关系合并成一个发展战略系统，也根据某些竞技体育无形资产发展战略研究的实践意义和价值大小，归纳出对我国竞技体育无形资产发展具有指导作用和实用价值的三种分类方法体系：第一种是根据不同经济发展水平及地域和行政区建立的分类方法体系；第二种是根据开发主体的性质和特点不同建立的分类方法体系统；第三种是根据不同市场需求程度及相应竞技体育项群和项目建立的分类方法体系。三种分类方法体系各自有不同的着眼点和侧重点，整体上基本构成了我国竞技体育无形资产发展战略的体系，也基本明确了这一概念的外延。

## 一、根据不同经济发展水平及地域和行政区建立的分类方法体系

研究和制定竞技体育无形资产发展战略就是为了更好地促进竞技体育无形资产的发展。因为经济发展水平对竞技体育无形资产的发展具有决定性的作用，所以，以地理区域为代表也好，以行政区为代表也好，研究和制定竞技体育无形资产发展战略，必然要考虑经济发展水平的因素，因此不同经济发展水平可以作为分类的依据和标准。如果能够把经济发展水平和地域及行政区等几种属性统一起来进行分类，则更具有理论意义和实践指导意义。由于我国的经济发展水平有着比较明显的地域性特点，经济发展水平按照地理区域及各个行政区由东南沿海向内陆、再向西部地区，基本构成三个不同的发展层次，即东南沿海经济发达地区、中部内陆经济欠发达地区和西部经济相对落后地区，而且竞技体育的实力和竞技体育无形资产的发展水平也基本处在这样的三个层次。所以我们完全可以按照这样的经济发展和区域分布的特点及分类的一般原则，把经济发展水平及地理区域和行政区统一起来，建立一个竞技体育无形资产发展战略的分类方法体系。即把不同的经济发展水平作为一级分类标准，把不同地理区域作为二级分类标准，把不同的行政区作为三级分类标准，其中二级分类标准包含了一级分类标准的属性，三级分类标准包含了一级和二级分类标准的属性，这样就可以整体地把我国的竞技体育无形资产发展战略的分类方法体系归纳出来（表5-1）。

表5-1 根据经济发展水平、地理区域和行政区建立的分类方法体系

| 一级分类标准<br>根据经济发展水平 | 二级分类标准<br>根据不同地理区域 | 三级分类标准<br>根据不同行政区 |
|---|---|---|
| 经济发达地区 | 东南沿海地区 | 广东省、福建省、浙江省、上海市、江苏省、山东省、天津市、北京市、辽宁省、海南省 |
| 经济欠发达地区 | 中部内陆地区 | 黑龙江省、吉林省、河北省、河南省、湖北省、湖南省、四川省、重庆市、安徽省、江西省、山西省、陕西省 |
| 经济相对落后地区1 | 西部地区1 | 云南省、贵州省、西藏自治区、青海省、甘肃省 |
| 经济相对落后地区2 | 西部地区2 | 广西壮族自治区、内蒙古自治区、宁夏回族自治区、新疆维吾尔自治区 |

注：香港特区、澳门特区、台湾地区不在分类方法体系之内。

以上相同经济发展水平的三个层级的分类标准都符合分类原则的含属关系，即子项与母项的关系，而每一个分类标准下属的区域总和都可以代表国家整体的竞技体育无形资产发展，是整体与局部、宏观与中观的关系。在研究和制定以上各自主体的竞技体育无形资产发展战略时，都需要以整体和系统的观点来研究分析各种利弊因素及每项战略要素，当然国家整体竞技体育无形资产的发展需要以上每一个发展战略主体制定出切实可行的规划。

## 二、根据不同开发主体的性质和特点建立的分类方法体系

按照经济发展水平及地域和行政区的分类方法适合于研究和制定中间层次的发展战略，但有一定的局限性，有必要进一步拓展分类方法。竞技体育无形资产的发展最终取决于开发主体的开发活动，一般来讲，开发主体的数量众多，每一个开发主体都具有一定的属性和特点，这决定了竞技体育无形资产开发主体的多样性和复杂性，如果能够根据开发主体的属性和特点的不同建立一定的分类标准，把众多的开发主体归纳成不同类别，这样会使开发主体层次化，对我们认识和指导竞技体育无形资产的开发实践具有重要意义。如果确定根据地理区域和行政区研究和制定竞技体育无形资产发展战略是处在中间层面

的中观发展战略，那么与之相比，开发主体是进行竞技体育无形资产开发的具体企业、团体或个人，自然属于微观层面的微观发展战略。那么微观层面的开发主体究竟有哪些具体的类型？这同样可以运用分类的方法找到答案。这种开发主体的分类，我们可以采用对外延个体归类的方法，就是把分散的开发主体按照一定的性质和特点进行逻辑学的划分，这样我们就可以建立一种新的竞技体育无形资产发展战略的分类方法体系（图5-1）。

根据开发主体的不同建立的分类方法体系
- 竞技运动项目管理中心（协会）
- 竞技体育俱乐部
- 经纪公司或经纪人
- 竞技体育社会团体
- 临时性竞技体育赛会组织
- 政府竞技体育组织机构（不含项目管理中心）
- 临时性竞技体育代表团
- 国家各级各类竞技体育运动队
- 优秀运动员、教练员个人

图5-1　根据开发主体的不同建立的分类方法体系

以上九种不同开发主体的分类体系的基本构成，把纷繁复杂的竞技体育无形资产开发主体归纳成九个基本的类型，进一步明确了竞技体育无形资产发展战略这一概念的外延。国家竞技体育无形资产的发展最终是由各个开发主体来担负其使命的，根据不同时期的发展需要制定各类开发主体的竞技体育无形资产发展规划是一项重要的工作。

## 三、根据不同市场需求程度及相应竞技体育项群和项目建立的分类方法体系

目前我国实行的是社会主义市场经济，竞技体育无形资产开发作为一种经

济行为必须按照市场经济的规则进行。社会经济和竞技体育的发展使得我国拥有了大量的竞技体育无形资产资源储备，这些资源的开发利用必须经过市场的运作，所以必须研究和考虑不同的市场需求及其分类的问题。竞技体育无形资产开发利用的市场需求有着非常明显的项目和项群特征，主要分成三个市场需求的项目群体层次，第一是普及程度较高、群众喜闻乐见的竞技体育项目和我国具有优势的、在国际比赛中取得优异成绩的运动项目，其无形资产就有较大的市场需求；第二是普及程度一般、比赛成绩也一般的运动项目，其无形资产市场需求也一般；第三是普及程度较差、比赛成绩也差的运动项目，其无形资产则缺乏市场需求。所以把市场需求程度和与之相应的竞技体育项群和项目统一起来进行分类，建立一个竞技体育无形资产发展战略的分类方法体系，对于我们根据不同的市场需求和运动项目特点来制定其无形资产的发展战略，是一个重要的前提条件。如果我们把竞技体育无形资产的市场需求分成热销无形资产、平销无形资产和淡销无形资产，则基本和以上的三个层次的项目群体相一致，我们同样可以按照竞技体育无形资产的市场需求程度和项目、项群的特点及分类的一般原则建立一个统一的三级分类标准，即把不同的市场需求作为一级分类标准，把不同项群特点作为二级分类标准，把不同的运动项目作为三级分类标准，其中二级分类标准包含了一级分类标准的属性，三级分类标准包含了一级和二级分类标准的属性，这样就可以从市场需求和项目特点的角度把竞技体育无形资产发展战略的分类方法体系归纳出来。

以上按照不同市场需求的三个层级的分类标准都是按照分类原则，存在含属关系，即子项与母项的关系，而且每一个分类标准下属各项共同代表国家整体的竞技体育无形资产发展，是整个市场与局部市场、项目总和与部分项目或个别项目的关系。以上分类作为按照市场需求和项目需要来研究和制定竞技体育无形资产发展战略的依据。

## 第三节 小 结

本章是根据不同层次、不同类型主体及理论细分的需要，按照逻辑学类别划分的一般原则和要求，对竞技体育无形资产发展战略做进一步的类别划分。本章包括三种分类体系：第一种是根据不同经济发展水平及地域和行政区建立的分类方法体系；第二种是根据开发主体的性质和特点不同建立的分类方法体系；第三种是根据不同市场需求程度及相应竞技体育项群和项目建立的分类方法体系。分类明确了竞技体育无形资产发展战略概念的外延，对各种不同主体制定竞技体育无形资产发展战略或发展规划具有指导意义。

# 第六章 结论与建议

## 第一节　结　论

（1）竞技体育无形资产的产生与发展是人类社会文明进步的必然结果，经济社会的发展水平决定竞技体育无形资产的发展水平；竞技体育无形资产在未来体育事业的发展中具有重要的地位，我国竞技体育无形资产的发展对于深化体育改革和未来体育事业的经济需要具有重要的作用，与经济社会发展有着良性的互动关系。

（2）发展战略理论运用于竞技体育无形资产发展的研究，是由于发展战略理论在现代经济社会生活的方方面面都具有重要的实用价值和普遍的指导意义；从理论意义和实践意义及21世纪之初我国体育事业发展所面临的机遇和挑战来看，在我国进行竞技体育无形资产发展战略研究是必要的；从现实的社会背景和各方面的环境条件来看，这一发展战略研究是可行的。

（3）竞技体育无形资产具有丰富的内容，其概念具有独特的内涵，在性质上它是劳动者创造的劳动成果，又兼具使用价值和价值的商品属性；竞技体育无形资产根据理论研究和实践开发的需要具有多种分类方法，除了具有一般无形资产的特点外，还具有其自身的特点；把发展战略理论结合于竞技体育无形资产的发展问题而形成的竞技体育无形资产发展战略的概念，具有全新的内涵和鲜明的个性特征，也构成新的发展战略理论体系。

（4）我国竞技体育无形资产的发展受多种因素的影响，其中主要包括国际国内政治经济环境条件，我国体育产业发展和体育市场运作状况，我国体育管理体制改革的状况及竞技体育无形资产的相关政策与法治状况四个方面，每个方面又可以进行因素的细分；对各因素的分析表明，由于我国处于优良的政治经济发展环境和状态，而且处于体育产业化改革初期的潜力巨大的体育市场环境中，我国竞技体育无形资产具有非常明显的发展优势，制定发展战略具有各方面的有利条件，但同时也存在诸多不利于发展的弊端，发展过程面临各种困难和挑战。

（5）竞技体育无形资产发展的战略指导思想，以纲要的形式概括出发展过程必须注意的问题和遵守的原则，是整个发展战略的基本思想和出发点；战略目标是2001—2020年我国竞技体育无形资产发展的总体目标，以多项定性和定量指标相结合的形式阐述了我国未来竞技体育无形资产的发展预期，不同角度和不同层次的分析表明，实现这一战略目标是现实和可能的。

（6）竞技体育无形资产发展的战略重点，包括相关政策研究和法治建设、竞技体育组织和竞赛活动的无形资产开发及中西部地区的竞技体育无形资产开发三个方面。并且战略重点的确定具有充分的依据，不论是竞技体育的发展优势，还是其中比较薄弱的工作环节，都具有可行性和可操作性，对实现战略目标具有关键作用；战略周期及阶段划分是根据实现整体战略目标的需要和可能控制的范围，分为打基础和做准备阶段、全面和快速发展阶段及保持全面快速发展阶段的两个五年和一个十年时段，每个战略阶段的发展目标、重点和对策的确定，是根据总的战略目标的要求和发展战略执行过程的一般规律及我国的具体情况等多种因素的综合考察，各个阶段目标可以相互衔接，并具有发展的连续性。

（7）战略对策的确定是根据未来竞技体育无形资产发展的需要，选择对实现战略目标具有重要意义的措施和手段，都具有现实的可行性和可操作性，能够作为行之有效的策略为实现战略目标发挥作用。

（8）研究确定的竞技体育无形资产发展战略分类包括三个体系：一是根据不同经济发展水平及地域和行政区建立的分类方法体系，二是根据不同开发主体的性质和特点建立的分类方法体系，三是根据不同市场需求程度及相应竞技体育项群和项目建立的分类方法体系；分类可以适应不同层次、不同类型主体及发展战略理论细分的需要，符合逻辑学类别划分的一般原则，是把某些标准按照一定的层级关系及其内在联系合并成三个发展战略体系。

## 第二节　建　议

（1）笔者在研究过程中曾因体育产业及竞技体育无形资产产值指标数据缺乏一度陷入困惑，而这些产值数据不仅是竞技体育无形资产发展战略研究的重要依据，也是整个体育产业发展规划和体育事业发展规划的基本数据指标和依据，更是未来国民生产总值统计的重要内容，所以，建议有关行政管理部门加快体育产业产值指标体系建立的工作，以使各项发展战略的制定有统一规范的指标体系和基本的微观数字依据。

（2）在现实的竞技体育无形资产的买卖经营过程中，经常出现预期值很低却卖出高价和预期值很高却低价出手的“两极”现象，其主要原因是没有预先做好对无形资产的评估工作，这会造成企业资源的浪费和资产的损失，也从侧面反映出我国竞技体育无形资产市场处于不成熟状态。所以，建议应当尽快建立适合我国国情的竞技体育无形资产的评估体系和方法，以促进无形资产交易的合理，使市场运作走向成熟。

（3）进一步加强竞技体育无形资产的政策研究和法治建设，以尽量减少因政策缺位而造成的资源浪费、开发不足和人为障碍等现象及因法律法规不健全而产生的开发经营过程中的无法可依、产权归属含糊和项目归属不清等问题，加大执法的力度也是值得注意的问题。

（4）规划工作是竞技体育无形资产开发过程中的一个非常重要的工作环节，特别是发展战略理论的兴起，为我们更合理有效地做好规划提供了重要的理论和方法指导。本研究由于研究水平和时间等各种因素所限，研究内容仅局限于宏观层面，而且比较宽泛，是对我国竞技体育无形资产发展战略问题的框架性的初步探索，需要进一步深入研究的问题很多，建议各类竞技体育无形资产开发的主体根据本部门或本系统的具体实际，运用发展战略理论做好竞技体育无形资产发展的规划工作。

# 参考文献

[1]鲍宗豪.当代发展战略的理论与实践[M].上海：上海三联书店，1997.

[2]宋守训，尹怀荣，杨一民.风靡世界的职业足球[M].北京：人民体育出版社，1993.

[3]国务院科教文卫司，国家体委政策法规司.体育经济政策研究[M].北京：人民体育出版社，1997.

[4]年维泗.世界杯足球赛史话[M].成都：四川人民出版社，1996.

[5]李明，邹玉玲.中外体育产业比较与思考[M].长春：吉林人民出版社，1999.

[6]伍绍祖.中华人民共和国体育史[M].北京：中国书籍出版社，1999.

[7]谢立中，何玉长.发达国家的社会发展战略[M].昆明：云南人民出版社，1997.

[8]李成勋.经济发展战略学[M].北京：北京出版社，1999.

[9]苗东升.系统科学精要[M].北京：中国人民大学出版社，1998.

[10]周登嵩.体育科研概论[M].北京：北京体育大学出版社，1995.

[11]蔡吉祥.无形资产学[M].深圳：海天出版社，1999.

[12]吴桑谨.无形资产评估教程[M].杭州：浙江大学出版社，1997.

[13]刘京城.无形资产的价格形成及评估方法[M].北京：中国审计出版社，1998.

[14]全国体育学院教材委员会《体育理论》编写组.体育学院通用教材·体育理论[M].北京：人民体育出版社，1981.

[15]蔡吉祥.神奇的财富无形资产[M].深圳：海天出版社，1996.

[16]张占耕.无形资产管理[M].上海：立信会计出版社，1998.

[17]史忠良.经济发展战略与布局[M].北京：经济管理出版社，1999.

[18]陆地.中国电视产业发展战略研究[M].北京：新华出版社，1999.

[19]李成勋.1996~2050年我国经济社会发展战略[M].北京：北京出版社，1997.

[20]黄顺基、吕永龙.中国经济可持续发展战略框架[M].北京：改革出版社，1999.

[21]沈凤阁.社会主义经济政策学[M].北京：中国林业出版社，1997.

[22]国家体委政策法规司.体育改革政策文件汇编[M].北京：北京体育大学出版社，1993.

[23]陈振明.政策科学[M].北京：中国人民大学出版社，1998.

[24]金岳霖.形式逻辑学[M].北京：人民出版社，2000.

[25]田麦久.项群训练理论[M].北京：人民体育出版社，1998.

[26]周天勇.发展经济学[M].北京：中共中央党校出版社，1997.

[27]刑俊芳.中国21世纪经济走向[M].北京：中共中央党校出版社，1997.

[28]张国.中国新战略[M].北京：华夏出版社，1999.

[29]徐二明.企业战略管理[M].北京：中国经济出版社，1998.

[30]冯之浚.论战略研究[M].北京：群言出版社，1995.

[31]严强.社会发展理论[M].南京：南京大学出版社，1991.

[32]杨瑞龙.社会主义经济理论[M].北京：中国人民大学出版社，1999.

[33]施琳.论“发展经济学”的发展[M].北京：中央民族大学出版社，1994.

[34]葛新权.知识经济与可持续发展[M].北京：社会科学文献出版社，1999.

[35]王先庆.产业扩张[M].广州：广东经济出版社，1998.

[36]洪银兴.现代经济学[M].南京：江苏人民出版社，1998.

[37]J.G.纳理斯.，D.帕克.经营经济学[M].北京：中信出版社，1998.

[38]全国体育学院教材委员会.奥林匹克运动[M].北京：人民体育出版社，1993.

[39]卢元镇.中国体育社会学[M].北京：北京体育大学出版社，2000.

[40]卢元镇.体育的社会文化审视[M].北京：北京体育大学出版社，1998.

[41]卢淑华.社会统计学[M].北京：北京大学出版社，1989.

[42]孙汉超，秦椿林.体育管理学[M].北京：人民体育出版社，1999.

[43]陆学艺、李培林.中国新时期社会发展报告（1991—1995）[M].沈阳：辽宁人民出版社，1997.

[44]王铮.区域管理与发展[M].北京：科学出版社，2000.

[45]杨年松.体育无形资产初探[J].体育学刊，1999（2）.

[46]鲍明晓.关于体育无形资产的几个理论问题[J].北京体育大学学报，1998（4）.

[47]连桂红.体育无形资产的基本特征及经营之道[J].山东体育学院学报，1999（2）.

[48]吕树庭，何冰，徐建华.第三次社会转型期我国体育市场发展面临的机遇与挑战[J].广州体育学院学报：2001（1）.

[49]温永中，刘夫力.关于体育无形资产评估问题的思考[J].体育师友，2000（3）.

[50]胡鞍钢.我国体育改革与发展的方向[J].体育科学，2000（2）.

# 附　件

## 中国竞技体育无形资产发展战略研究
## 专家调查问卷

1. 竞技体育无形资产与我国体育事业及其产业化发展的关系。

非常密切 □　密切 □　比较密切 □　关系不大 □　毫无关系 □

2. 我国体育产业和体育市场发展的前景。

非常广阔 □　广阔 □　比较广阔 □　较好 □　一般 □

3. 我国体育产业、体育市场及竞技体育无形资产现阶段的发展状况。

非常好 □　较好 □　正常 □　不够好 □　不好 □

4. 我国大力发展竞技体育无形资产的可行性。

完全可行 □　可行 □　基本可行 □　无法确定 □　不可行 □

5. 发展战略理论能否有效指导体育改革及体育产业化发展。

完全可以 □　可以 □　基本可以 □　无法确定 □　不可以 □

6. 我国进行竞技体育无形资产发展战略研究。

意义重大 □　很有意义 □　有意义 □　无法确定 □　没有意义 □

7. 我国进行竞技体育无形资产发展战略研究。

完全可行 □　可行 □　基本可行 □　无法确定 □　不可行 □

8. 国外行之有效的体育产业及竞技体育无形资产的发展经验运用于我国。

完全可以 □　可以 □　基本可以 □　无法确定 □　不可以 □

9. 很多发达国家在近20年竞技体育无形资产的价值呈几何级增长，这种增长在中国。

完全可能 □　可能 □　基本可能 □　无法确定 □　不可能 □

10. 一般竞技体育无形资产在发达国家是体育产业的重要支柱，这种格局在中国的形成。

是必然的 □ 是自然的 □ 是可能的 □ 无法确定 □ 不可能 □

11. 我国体育产业及竞技体育无形资产的理论研究。

非常充分 □ 充分 □ 比较充分 □ 不够充分 □ 不充分 □

12. 进行竞技体育无形资产基本概念和基本理论研究。

非常必要 □ 必要 □ 比较必要 □ 可有可无 □ 没必要 □

13. 体育无形资产从大的面上分为竞技体育无形资产、学校体育无形资产和社会体育无形资产。

可以 □ 不可以 □

14. 把竞技体育无形资产界定为"竞技体育过程中不具有实物形态的经济资源，它依附于属于竞技体育范畴的主体而存在，由特定的主体控制和所有，能够为其所有者和合法经营者提供某种权利或优势并带来经济收益的资产"。您是否同意？请写出您的观点：

______________________________

______________________________

15. 竞技体育无形资产是劳动者的劳动成果并具有商品属性。

正确 □ 不正确 □

16. 把发展战略的五个要素套用于竞技体育无形资产发展战略的研究。

完全适合 □ 适合 □ 基本适合 □ 不太适合 □ 不适合 □

17. 我国竞技体育无形资产发展的战略指导思想确定为"从我国竞技体育无形资产的内外发展环境和发展潜力的实际出发，抓住国家经济体制改革和体育产业化改革的历史机遇；以有利于国家整体的经济和社会发展为基本的出发点，按照体育产业化发展的基本方向和要求；充分利用竞技体育涉及面广、影响面大的特点，利用竞技体育无形资产所具有的商业价值和经济价值及社会的普遍认同性；总结历史的经验，认清目前所处的落后状况并预测未来发展过程的艰难，积极学习和吸收国外先进的经营和管理经验，发扬锐意进取、奋发图强的精神；跟上国际和时代的发展潮流及社会经济发展之所需，使其能够和整个国民经济的发展协调配合，在体育事业的发展过程中发挥重要的经济支撑作用”。您是否同意？请写出您的意见。

______________________________________________

______________________________________________

18. 竞技体育无形资产发展的战略目标确定为“用15年左右的时间，建立与社会主义市场经济体制相适应，与现代化体育产业体系相匹配的竞技体育无形资产经营管理运作体制和政策法规体系，使开发经营活动和国际全面接轨并使其发展趋于稳定和成熟；具有参与国际竞争实力，开发的份额能够在国际上占有一定的比重，总的产值额能够居于世界的前列，达到与整个国家的经济发展和工业化进程的同步；作为本体产业开发的重要内容在体育产业的总产值中能够占有20%以上的比例，成为体育产业开发中的一项重要支柱；逐步达到能够独立和成熟地运作国际顶尖竞技体育赛事无形资产的经营开发工作，并利用各种大型国际体育赛事促进竞技体育无形资产经营开发工作的广泛开展，使国家整体的开发利用实力居于国际的领先地位”。您认为是否合适？请提出您的意见和建议。

______________________________________________

______________________________________________

19. 我国未来竞技体育无形资产发展战略的战略周期确定为15年。

完全可以 □　可以 □　基本可以 □　无法确定 □　不可以 □

20. 我国初步建立良性的竞技体育无形资产经营管理体制和开发运作机制需要。

1～3年 □　3～5年 □　5～7年 □　7～9年 □

21. 我国竞技体育无形资产市场体系的建立需要。

3～5年 □　6～8年 □　9～11年 □　12～15年 □

22. 我国竞技体育无形资产产值指标体系和评估方法体系的建立需要。

1～3年 □ 3～5年 □ 5～7年 □ 7～9年 □

23. 我国未来竞技体育无形资产产值的增长速度明显高于GDP和总的体育产业产值的增长。

完全可能 □ 可能 □ 有可能 □ 不太可能 □ 不可能 □

24. 我国竞技体育无形资产的产值在15年的战略周期内达到占体育产业产值的20%。

完全可能 □ 可能 □ 有可能 □ 不太可能 □ 不可能 □

25. 我国竞技体育无形资产的产值在15年之内达到世界前列。

完全可能 □ 可能 □ 有可能 □ 不太可能 □ 不可能 □

26. 如确定战略周期为15年，再将其划分为3个 5 年阶段。

完全可以 □ 可以 □ 基本可以 □ 无法确定 □ 不可以 □

27. 整个发展战略的发展重点确定为相关政策研究和法治建设、竞技体育组织和竞赛活动的无形资产开发及中西部地区的竞技体育无形资产开发3个方面。您认为是否适当？请谈一谈您的观点：

________________________________________

________________________________________

28. 竞技体育无形资产的意义可以从其与社会的互动效用、体育深化改革需要、体育事业发展的经济需要及其自身发展的需要等不同角度加以说明。您认为还应当从哪些方面说明？

________________________________________

________________________________________

29. 我国竞技体育无形资产发展的利弊因素确定为：一是国际国内政治经济环境条件及其利弊因素；二是我国体育产业发展和体育市场运作状况及其利弊因素；三是我国体育管理体制改革状况；四是竞技体育无形资产政策与法治

环境及其利弊因素。您认为还应当包括哪些因素？

______________________________________________

______________________________________________

30. 竞技体育无形资产发展的主要战略措施包括：提高对发展竞技体育无形资产的认识，发扬开拓进取的精神；进一步深化体育管理体制的改革和加快运作机制的转换，营造优良的发展环境；加强政策研究和法治建设，促进竞技体育无形资产的大力开发及市场的正规化管理；积极开展对外的交流和合作，吸收和借鉴国外先进的经验；重视对各类经营管理人才的培养，加强人才队伍建设；培育一批骨干的体育产业经营实体，提高我国体育企业在国际上的竞争力；扶持国内体育中介组织的成长，尽快建立一支强大的经纪人队伍；尽快建立竞技体育无形资产产值统计指标体系，更好地规划未来发展；尽快建立竞技体育无形资产的评估方法体系，使市场定价有一定的依据；全力配合申办奥运会的整体战略，保证奥运会无形资产开发万无一失等。您认为还应当包括哪些措施？

______________________________________________

______________________________________________

# 后 记

笔者首次做体育社会学研究是在1998年，选择的题目就是竞技体育无形资产发展战略研究，课题研究的完整成果就是这部专著。由于当时得到国家体育总局相关机构领导的肯定、支持和督促，大大拓宽了获取数据资料的渠道，研究的进展得以加快。研究过程困难很多，但也正因为如此才甚感收获之巨，体育社会学研究为笔者打开了一扇开阔视野的窗口。笔者这一选题及后续的研究工作得到了各方面的认可，随后笔者被吸纳为国家体育总局体育社会科学研究中心的成员。得到了很多参与大型课题研究的机会，包括参加国家社科基金、省部级社科基金、清华大学社科项目等研究工作，尤其是作为课题负责人或执笔人担当了国家体育总局社科课题“社会转型期我国企业体育现状及发展趋势研究”“广东省体育健身娱乐市场研究”“我国校园足球理论体系构建研究”等科研项目，还参加了我国体育研究生教材《现代足球运动高级教程》的撰写工作等。这些经历使笔者对大型科研课题的把控能力得到大大提升，也深刻地影响到笔者在体育教育训练及足球专项教学训练方面的研究与发展，可以说本人在参与体育社会学研究过程中受益巨大。

体育学各个学科与专业的理论研究是相互影响、相互促进和相辅相成的，本人深感各个学科之间应当相互借鉴。从事体育教育训练研究容易受到视野的局限，而参与体育社会学研究对于开阔眼界和提高科研素养有重要的帮助，可以拓展科研思维的宽度，更重视多元地思考问题，社会调查方法也是体育教育训练研究应当重视的科研方法。笔者从体育社会学研究所获得的经验和能力提升，对体育教育训练及足球专项研究有着极大的助力作用。笔者能够先后立项及完成“面向21世纪体育教育专业课程与教学的改革设计与实证研究”“体育院校足球课程体系构建的方案设计及实验应用研究”“中英两国体育学院合作共建足球课程的方案设计与实证研究”等教育教学方面的大型课题，很大程度是得益于体育社会学研究打下的良好基础。笔者也常常用体育社会学的研究思维解决日常科研中的问题。

通过体育社会学研究的历练不仅可以使科研思维更加宽阔和灵活，而且能够掌握组织团队调研活动的技能。团队性调研活动是体育社会学研究的常规形式，但其他的体育科研工作未必有这样的环节。笔者在体育社会学研究中所打下的基础，多次在参加中国足协组织的大型足球赛事调研中得以体现，显现出与众不同的组织团队调研活动的能力，特别是在一些赛会制的足球比赛调研过程中，这种体育社会学研究的方法和能力得到更加充分的发挥。笔者近二十年时间里参加了十几次中国足协组织的大型调研活动，也作为调研组长和执笔人完成了多篇调研报告的撰写，例如，2008年《奥运会足球比赛对手情报获取与分析处理的报告》、2010年《中国青少年足球人才培养体系情况调研报告》、2011年《第九届全运会足球比赛调研报告》、2011年《第七届全国城市运动会足球比赛调研报告》、2012年《德黑兰亚洲青年足球锦标赛决赛阶段比赛技术调研报告》、2013年《第十二届全运会男子足球决赛阶段比赛调研报告》、2013年《全国重点校园足球城市工作开展情况报告》等。以上科研工作笔者认为有很大的体育社会学研究的成分，研究过程都充分运用了社会调查法，包括笔者最新撰写《足球训练基本理念与基本方法概论》的足球专著，看似一篇纯粹的足球训练理论专著，但其中很多内容阐述和论证都采用了体育社会学的研究方法。

笔者从事体育教育训练科研工作近三十年，中间偶然的机会参与到体育社会学研究并主持了一些重要课题的研究工作，也曾经为国家体育总局和中国足协等决策机构提供过政策方面的建议，这种经历对于个人成长和进步有着助力和方向引导的作用。笔者个人的主要研究方向虽然在体育教育训练的足球专项方面，但因为涉足体育社会学研究确实改变了自己的科研思维，也在发展机会和科研能力提升的关键点上发挥了作用。笔者能与体育社会学研究结下不解之缘及从中受益，还要感谢国家体育总局政策法规司、竞技体育司、体育信息研究所等机构领导和干事们的认可和支持，感谢北京体育大学和国家体育总局科研所众多专家和学者的指导和引路，也感谢国家体育总局体育社会学研究中心的接纳。在此祝我国的体育社会科学研究兴旺发达。

刘夫力

2019年3月10日